谨以此书献礼建党百年

向每一位劳动者致敬

平凡之路，通往星辰大海。

星辰

中国劳动关系学院劳模学院◎编著

中国工人出版社

图书在版编目（CIP）数据

星辰 / 中国劳动关系学院劳模学院编著. —北京：中国工人出版社，2021.5
（中国劳动关系学院劳模学子丛书卷一）
ISBN 978-7-5008-7668-7

Ⅰ. ①星… Ⅱ. ①中… Ⅲ. ①劳动关系—高等学校—学校管理—中国
Ⅳ. ①G649.281

中国版本图书馆CIP数据核字（2021）第106404号

星辰

出 版 人　王娇萍
责任编辑　习艳群　冀　卓
责任印制　栾征宇
出版发行　中国工人出版社
地　　址　北京市东城区鼓楼外大街45号　邮编：100120
网　　址　http://www.wp-china.com
电　　话　（010）62005043（总编室）
　　　　　（010）62005039（印制管理中心）
　　　　　（010）82075935（职工教育分社）
发行热线　（010）62005996　82029051
经　　销　各地书店
印　　刷　北京美图印务有限公司
开　　本　710毫米×1000毫米　1/16
印　　张　26.75
字　　数　398千字
版　　次　2021年6月第1版　2021年9月第3次印刷
定　　价　78.00元

编委会

主　编　高丽萍

副主编　李　岩　任超群

编　委　刘慧丽　刘　欣　王东峰
彭　武　刘　明　王　玲
陈馨达

序

无论是在战争时期后方的各类生产运动期间，还是在新中国成立后的各个建设时期，人们不断对劳动模范的形象进行描述，并从民族、国家、社会、地区、行业等各种角度，赋予劳动模范诸如“榜样”“脊梁”“中坚”等荣誉。如果我们抽掉所有的历史背景与社会环境等因素，只保留对这个概念最朴素的感知的话，我将其简单概括为：“精英”和“善良”。

毋庸置疑，每位劳模都是自己所在领域的精英人物，他们以自己的勤奋、隐忍、天赋，行走在各个领域的最前沿，不仅亲力亲为地创造财富，而且也以一流的技能，成为各行各业的引领者。从新中国成立到改革开放前，我国初步建成了工业化体系；改革开放 40 余年后的今天，我国成为世界上产业结构最完整、产业门类最齐全的工业化体系国家。之后，中国跨入一个产业结构升级、价值链上移、由“制造大国”向“制造强国”转变的新时期。在这一时期，产业工人队伍的技术素质与能力成为关键，而劳模群体的引领作用是否得以充分发挥，则是关键中的关键。

我们身边的劳模，总是给人带来阳光，他们出现在哪里，哪里就有温暖与活力。大灾大难面前，他们往往是勇敢的逆行者。他们的担当，成就了普罗大众对人与社会的信心。在普通人看来，他们是善良的人。在越来越物质化的今天，这种品质更显得弥足珍贵。当这样一些善良、有信用、有技能的人们聚集在一起并释放能量时，我们更有理由相信他们能为整个社会带来改变。

2019 年“五一”国际劳动节前夕，借助习近平总书记给劳模本科班同学回信一周年的契机，中国劳动关系学院在原劳模本科班的基础上成立了劳模学院，目的是使坚持办学 27 年的劳模高等教育再上一个新的台阶。我们筹划着能为劳模学生们做些什么。2 年来，我们一直在努力。今天奉献给大家的是从浩繁如织的夏夜中摘出的几十颗闪亮的星，我的同事们细心地将它们收集起来，拼成了一本生动的人物画册，如一片美丽的星辰，为社会留住一抹清新美好的记忆。

“日月之行，若出其中；星汉灿烂，若出其里。”宇宙之大，星辰无限，相信我的同事们一定非常惬意于这种独特的“美浴”。好好享受吧！

2021 年 6 月 1 日于花园村

（作序者系中国劳动关系学院劳模学院院长）

目录

巴图散

长路漫漫竞风雪

养护是责任，抢险是使命，
劳模是榜样，防控是义务。

巴图散

1977 年生，新疆维吾尔自治区额敏县人，中共党员，新疆塔城公路管理局额敏分局驾驶员、玛依塔斯应急保障基地班长。曾获“全国先进工作者”“新疆维吾尔自治区劳动模范”“民族团结进步模范个人”等称号。中国劳动关系学院劳模学院 2017 级学生。

01

越是艰险越向前。“玛依塔斯，我一辈子都不离开。”这个朴素的蒙古汉子，用自己的担当，诠释了什么是新时代劳模精神。

塔城省道 201 线 K76—K164 段是国检路，100 多公里的山路两侧是清一色的黑石头，没有一棵树、一滴水。巴图散负责公路养护，十几年如一日开着工程机械车上路，但他并没觉得有多苦有多累。

2006 年，巴图散被调到额敏县玛依塔斯防风雪基地开除雪车。多年来，巴图散和队友们一次次不畏生死艰险，把玛依塔斯打造成风雪遇困群众的“生命救捞中心”，用大爱为生命高歌。

新冠肺炎疫情期间，巴图散带领班组放弃春节假日与家人团圆的机会，积极投身到交通疫情防控第一线。面对家人的担心，他这样安慰道：“我不是医生，不能与病毒面对面战斗。但作为一名党员、一名劳模，非常时期我就要有非常的担当精神。”

02

暴风雪中抢险救灾。一次次与死神擦肩而过，用生死大爱把“魔鬼道路”铺成“生命通途”，将陷入风雪的车辆和旅人安全救出险境。

玛依塔斯风区是世界罕见的暴风雪灾害区，每年 8 级以上大风天气多达 180 天，最大风速每秒 40 米，裹着暴雪瞬间就能将车辆掩埋。

巴图散在这里守护了 13 年，一次次与死神擦肩而过，将陷入风雪的车辆和旅人安全救出险境。

13 年来，他总是第一个冲进暴风雪，带领队友们抢险上百次，清除积雪 1.5 亿立方米，救助车辆 1.3 万余辆，救助群众 6 万余人。

他每出一次车，家人的心就揪一次，但他实在太热爱这份工作了，更舍不得离

1/2

1 巴图散在保养机械

2 巴图散（左二）给牧民送蔬菜

开他的队友和他的除雪车。他觉得能亲手把群众送回安全的地方，抢险再难也值得。多年与暴风雪战斗，他从一名出色的机械手成长为新疆维吾尔自治区劳动模范和全国交通技术能手。

03/

努力学习，共同进步。巴图散和李长青是师徒俩，他们在工作中相互协作，在生活、学习上互相帮助，双双考入中国劳动关系学院劳模学院。

2011 年秋，玛依塔斯防风雪基地来了一名见习抢险机械驾驶员——李长青，巴图散成了他的师傅。

当得知巴图散打算考劳模学院，但又担心自己的汉语水平不过关的时候，李长青一口承诺："师傅，以后我教你吧，有我在，包你一次考上。"

从此，玛依塔斯防风雪基地的宿舍里多了一盏明亮的灯，灯下是师傅巴图散与徒弟李长青在交流探讨机械驾驶技巧，是徒弟李长青在教师傅巴图散学习汉语。

日子一天一天过去，李长青的机械驾驶技术竿头日上。2017 年，巴图散考入中国劳动关系学院劳模学院。在巴图散的支持和鼓励下，2018 年，李长青也顺利入校。巴图散与李长青师徒共同学习、共同进步的故事成为一段佳话。

在校学习期间，巴图散还被评为了"全国先进工作者"。

"在这里，我要对学校和老师们说声感谢。我将把学习的知识带回工作中，继续努力奋斗！"对于学校的培养，巴图散感激之情溢于言表，决心用进一步做好工作的行动来表达内心的感谢！

平措扎西

天路的守护者

我从一个普通的青藏铁路护路队队员变成了有知识、有文化、能带动身边队友的人，最重要的是坚持、学习和耐心。

平措扎西

1990 年生，西藏那曲人，青藏铁路那曲罗玛段铁路护路联防大队队长，教导员，党支部书记。曾获“全国劳动模范”“西藏自治区铁路护路先进个人”等称号。中国劳动关系学院劳模学院 2017 级学生。

01

平措扎西每天的工作就是一遍又一遍地巡查铁路沿线，一遍又一遍地驱赶那些向铁道靠近的牛羊，陪伴他的只有寒风、大雪、风沙和空旷的田野。

2009 年，19 岁的平措扎西从部队退伍回乡，成为青藏铁路那曲段一名铁路护路联防队队员。青藏铁路那曲段平均海拔在 4700 米以上，空气稀薄，氧气含量非常低，一年中有 10 个月几乎看不到绿色。即使是四五月份，全国许多地方早已春暖花开，那曲仍是冰雪覆盖、天寒地冻、寒风呼啸，卷起的沙尘弥漫整个天空。

平措扎西的工作从铁路清道、防止牛羊上道开始，每天巡线里程达 26 公里，走走、看看、查查。困了，趴在铁路沿线休息一会儿；饿了，拿出方便面或饼干咬几口；渴了，啃几口身边堆积的冰雪。

平措扎西在认真细致地工作

平措扎西在护路一线

他的脚常常磨出血疱，日复一日，年复一年，血疱慢慢地变成了老茧。

平措扎西常说："工作无大小事，守铁路看起来简单，但对我而言是最重要的事，任务艰巨。"6 年来，平措扎西的巡线里程达到了 10 万公里以上，相当于沿着地球走了 2 圈多。他记不清自己有多少次排除了堵塞涵洞的杂物、阻止了多少人翻越栅栏、驱赶了多少次牛羊。

6 年如一日地坚守，换来了青藏铁路的安全畅通。由于工作出色、表现优秀，平措扎西一路从班组长、班长，做到大队副队长。

02 / "只要我能够不折不扣地做到，我相信队员也能做到。"

提升职务后的平措扎西越来越忙。有人说："你现在是大队副队长了，何必亲自去巡线呢？"他说："只要我能够不折不扣地做到，我相信队员也能做到。"

他把部队的优良传统带到护路一线，以大队为家，与铁路为友，以身作则，走遍了每一条路段、每一道桥梁、每一个涵洞基站。他带出的队员，个个工作认真负责，特别能吃苦，特别能坚持。

03 / “我完全变了一个人。”

2017 年，平措扎西走进中国劳动关系学院，成为劳模学院一名学生。4 年后，他把这个过程称为“神奇之旅”。

经历入校最初的喜悦后，平措扎西也被学习生活中种种不适困扰着。

由于不善于交流，平措扎西在开会发言时，一般一两句话就结束了。而且他的汉语基础也不好，听不懂老师、同学的话，很怕说错；食堂里的饭菜他也吃不习惯，一天到晚都吃不下饭。

同宿舍的赛福丁・伊斯热依力和同学们经常拉着平措扎西吃饭聊天，渐渐地，和着家里寄来的风干牛肉和青稞面，食堂的饭也变香了；在老师的鼓励下，课堂内外的平措扎西有了很多次“不得不做的尝试”——课堂小组的讨论、课外实践的座谈、外出参观和调研；与同学间的交流互动更多了，甚至想到给习近平总书记写信。

“当时我们只是想把自己的体会向总书记汇报，难以置信的是总书记竟然真的给我们回信了，感觉太神奇、太幸福了！”平措扎西说，“从那以后的很长时间，我总是不由自主地问自己，我是谁？我之前都做了什么？我以后能做好什么？”

平措扎西返岗后，升任了护路队队长，现在已成长为护路大队教导员、党支部书记。他总说自己所获得的一切是党和政府对少数民族、普通劳动者、劳动模范的重视。

从学校回来后，单位领导、同事眼里的平措扎西像是变了一个人。

“能说会写，懂汉语，能用汉语写文章，从不会用电脑到现在能用电脑做表格、做简报。”平措扎西笑着说，“不仅于此，我现在去全国任何地方，都能吃得惯了。”

不过，他认为自己最重要的变化是从学校的经历中懂得了“看似难以做到的事情也要去试一试”的道理。

铁路护路工在当地原未被纳入劳动合同管理。平措扎西在校学习劳动法、劳动关系等课程时，对杨冬梅老师讲授的劳动合同、试用期、劳动保障等内容印象深刻。返回岗位后，他每个月都会通过口头和简报形式坚持向县里、市里汇报，申请解决护路工身份问题，并积极向区里下派的调研单位汇报情况。

“不知道是不是我的坚持起了作用，今年（2021 年）护路工的后顾之忧解决了，不仅有关部门开始跟护路工签订劳动合同，而且还会为我们缴纳五险一金。”

平措扎西说：“未来，我会继续把自己的经历讲给队员们，讲好劳动政策，并把劳模精神一直发扬传承下去。”

秦建忠

从“学徒”到“牛人”

求实做人，求实工作。

秦建忠

1972 年生，内蒙古包头人，中核北方核燃料元件有限公司铀化工专业高级技师。曾获“全国技术能手”“内蒙古自治区劳动模范”等称号。中国劳动关系学院劳模学院 2017 级学生。

01 “人是靠从学习中获得的一切来造就自己。”

铀化工转化，是核燃料元件生产制造过程中的一项重要工艺流程，对产品的质量起着决定性作用。回想起刚参加工作的日子，秦建忠只说了一个字——难。“压力非常大，干不好，怕给老父亲丢脸。师傅非常严厉，带着我工艺线上走一遍、讲完工艺以后，就让我自己干，当时我心里真的发怵。”

为了不被师傅嫌弃，工作之余，秦建忠开始广泛收集铀化工转化方面的技术资料，并认真研读。那个时候，肯钻研、勤思考是他的“名片”。就这样，时间一天天地过去，秦建忠也历经磨炼，逐渐从一个“门外汉”成长为行家里手。

2008 年至 2013 年，秦建忠在压水堆核燃料元件生产线上完成了大大小小近百项的技术改革。凭借突出的贡献，他先后被评为中核集团“技术能手”、内蒙古自治区“金牌工人”等。

秦建忠在巡检设备运行状况

秦建忠（右二）在控制间与当班人员沟通工作

02 “自己动手解决难题就是一种节约。”

对秦建忠来说，荣誉的光环越来越耀眼。可他对成功的解释总是那么质朴：“我只是一名普通的员工，没有高学历，没有过硬的理论知识基础，说得通俗一点，我只是玩设备的，要学的永远有很多。”在这 30 年里，秦建忠是这样说的，也是这样做的。

2014 年至 2018 年间，秦建忠又先后参与了中核北方 AP1000 核燃料元件生产线、国家重点科研专项示范工程、全球首条高温气冷堆核燃料元件生产线的建设。这期间，他几乎每天加班加点，认真查阅图纸资料，钻研工艺技术和设备功能，及时向施工单位提出整改问题，极大地完善了工艺技术和操作条件。目前，高温气冷堆核燃料元件生产线已全线运行，我国核电燃料元件生产技术走在了世界前沿。

除了专业技术强，秦建忠在节能降耗方面也有“独家秘方”。他说：“自己动手解决难题就是一种节约。”

在某产品生产过程中，原料形态多样、成分复杂，专业物料占用量大、收益率低，严重制约着产量达标。他利用业余时间查阅大量资料，分析论证，在原有的工艺基础上制定了新的工艺方法，缩短了工艺生产线，盘活了资金，并申报了成果专利。

秦建忠说：“工作对于我来说有极大的乐趣。”

30 年来，秦建忠将一颗赤诚的心熔铸在了中核北方的事业上。他用自己的务实奋进赢得了中核北方人的赞扬，被誉为中核北方铀化工转化“第一牛人”。

03/ “每一份成绩都是下一次出发的起点，唯有不断努力，才能不断进步。”

多年的铀化工转化工作，使秦建忠练就了一身的绝招绝技，同时也让他获得了众多荣誉。头顶众多荣誉光环的秦建忠以“归零”的心态再出发。

2017 年，秦建忠来到中国劳动关系学院，与全国各行各业的劳模一起开始了大学的学习生涯。“老师和同学们对我的影响是潜移默化的，以前我关注设备技术本身更多，而现在，我在技术之外同样会关心与年轻人之间的沟通与交流。”

2019 年，秦建忠完成 2 年的集中学习后，返回岗位，创建了劳模创新工作室。他说，自己的创新工作室虽然还有待持续完善，但目前已成为一线工人、班组之间技术交流、相互激励、促进创新的“孵化器”。

他相信，未来在这里会孕育出更多技术创新的“大牛”。

赛福丁·伊斯热依力

“出炉工”的幸福

幸福就是在不断奋斗中超越自我，让人生出彩。

赛福丁·伊斯热依力

1987 年生，新疆吐鲁番人，中共党员，新疆中泰化学托克逊能化公司电石一车间党支部副书记。曾获“全国劳动模范”“中华人民共和国成立 70 周年最美奋斗者”“新疆青年五四奖章”等称号和荣誉。中国劳动关系学院劳模学院 2017 级学生。

01 学习钻研，练就"工匠精神"。

赛福丁·伊斯热依力出生在农村，小的时候由于家庭困难，他初中毕业后就放弃学业外出打工，成为家里的经济支柱。

2010 年，赛福丁·伊斯热依力进入新疆中泰化学托克逊能化公司工作，成为一名出炉工人。当时他是班组里唯一的少数民族人士，不懂汉语，与同事工作上的沟通交流很困难，几乎完全靠比画，学习技术主要靠眼看。

一段时间内，由于存在语言障碍，赛福丁·伊斯热依力在掌握技能上一直落后于他人，这让他感到十分难受。他暗下决心学好汉语，不再拖班组的后腿。他利用休息的时间去新华书店买了一本维汉双语词典，上班时间请教懂维汉双语的工友，晚上搬着词典一个词一个词地标注、硬啃。渐渐地，赛福丁·伊斯热依力能和班组同事用汉语进行简单的交流，也可以看一些汉语技术资料了。

赛福丁·伊斯热依力认为勤能补拙，没事就"泡"在电石炉旁，对照着有关规定一边理解、一边实操，琢磨怎么出炉省力、怎么快速堵住炉眼。就这样，赛福丁·伊斯热依力的烧炉眼技术逐渐熟练，做出的炉眼也越来越标准，他也成为出炉工里的佼佼者。

赛福丁·伊斯热依力在不断地分享、交流、钻研中提高，他的技术也越来越精湛。凭着对技术、管理工作和学习的执着，以及出色的工作成绩，2015 年他被授予"全国劳动模范"称号。

02 在中国劳动关系学院深造，收获满满。

2017 年 3 月，赛福丁·伊斯热依力作为全国劳模到中国劳动关系学院深造。在这次劳模本科班学习中，大家收到并学习了习近平总书记给劳模班的回信，这让赛福丁·伊斯热依力更加认识到自己肩负的责任和使命。他说："我要用实际行动争做新时代的奋斗者，报答党和政府的关爱，不辜负企业的培养。"

赛福丁·伊斯热依力（左二）现场指导同事操作出炉自动化机器人

赛福丁·伊斯热依力说："在中国劳动关系学院学习的 2 年中，我收获满满。不仅开阔了视野，提高了理论水平，我的语言组织能力和表达能力有了新的突破，思想观念得到了更新。"

赛福丁·伊斯热依力说："以前我以为劳模只是一份荣誉，通过在劳模学院的学习，改变了我对劳模的认识。它不仅是一份荣誉，更是一份责任。"

在北京学习的 2 年时间内，赛福丁·伊斯热依力所在公司的领导为了让他安心学习，时常去他家看望家里的老人和孩子，并表示家中有任何困难都可以及时向公司反映，公司一定会想办法帮助他们解决问题。

赛福丁·伊斯热依力经常向周围的同事、朋友分享自己在北京学习的心得体会，他号召大家无论是什么年纪、身在何处，都要不断地学习，不断地充实自己。

赛福丁·伊斯热依力（右）辅导少数民族徒弟学习国家通用语言理论知识

03 "希望用自己的所学，带动乡亲们脱贫致富。"

2019 年 2 月，当得知可以申请到新疆和田地区于田县驻村工作的消息时，赛福丁·伊斯热依力第一时间报了名。"一定要到扶贫一线去，不给自己人生留遗憾！"这是他内心最强烈的感受。

赛福丁·伊斯热依力被委派到先拜巴扎镇中泰东展服装厂有限公司，开始驻村工作。服装厂的员工大部分是少数民族，不懂汉语，很多员工自由散漫。近 10 年的工作经验告诉他，应该将工作着力点放在深入走访调研和了解员工思想动态上。

于是，他一方面积极召集驻村工作队成员、村干部、党员和员工代表召开座谈会，了解基本情况；另一方面对少数民族员工进行简单的汉语培训。他自己每天穿梭在技术员与少数民族员工之间，翻译沟通，传授技术。半年过去后，众多员工终于由最初的靠比画学技能变为用汉语沟通学技能，渐渐懂得守规矩的重要性，这让赛福丁·伊斯热依力感到很欣慰。

每次回到托克逊时，都会有朋友或同事问赛福丁·伊斯热依力："你又晒黑了，驻村辛不辛苦？"他常常微笑回答："不辛苦。"因为，他把辛苦当责任，视奋斗为使命。他的幸福就是让身边的人学好汉语、提高技能、懂得感恩，让大家都过上幸福的日子。

蔡凤辉

用劳动扮靓大国“颜面”

劳动没有高低贵贱之分，任何一份职业都很光荣。劳动是财富的源泉，也是幸福的源泉。人世间的美好梦想，只有通过诚实劳动才能实现。

蔡凤辉

1975 年生，河南驻马店人，北京环卫集团北清物业有限管理责任公司天安门人工保洁班班长。曾获“全国劳动模范”“全国五一劳动奖章”“全国巾帼建功标兵”“北京市三八红旗手”等称号和荣誉。中国劳动关系学院劳模学院 2018 级学生。

01 “在天安门广场工作，非同一般。”

2012 年，来自河南省驻马店市西平县出山镇焦之岗村的农民工蔡凤辉，成为北京天安门保洁班班长。“在天安门广场工作，非同一般。”在蔡凤辉看来，天安门是祖国的“颜面”，代表着国家的形象。时刻保持天安门干净整洁，是自己的使命。

为了这个使命，她积极创新，改革作业工艺，将电动捡拾三轮车引进广场保洁工作，使得员工作业效率提升 80%；通过发明“口香糖刷”，在不伤害大理石材地面的情况下，清除了天安门广场上的顽疾——“口香糖污渍”，使整个广场地面焕然一新。2012 年至今，蔡凤辉凭着一股子干劲、闯劲、钻劲，带领大家圆满完成了每年的全国两会、五一、十一、迎宾等各项重大活动的环卫保障工作，在平凡工作中作出了不平凡业绩。

蔡凤辉在国庆节期间进行环卫保障

02 “哪怕这条腿不要，也要参加这次保障。”

不平凡的业绩背后，是蔡凤辉和团队成员的默默付出。

2019 年 10 月 1 日要在天安门广场举办庆祝中华人民共和国成立 70 周年阅兵式和群众游行活动。为做好保障工作，蔡凤辉从 7 月份开始，就陆续对参与活动环卫保障的 1700 多人次进行天安门地区实地培训，每天工作时间长达 20 小时，日均步数 3 万多步，白天、黑夜都能在天安门广场看见她的身影。

国庆节前夕，由于腿部受伤，她被送进医院动手术。然而术后第七天，她就回到了岗位上。作为劳模，原本她是有机会在观礼台参加国庆阅兵观礼的。但为了确保保障工作万无一失，她毅然放弃了观礼，坚持带着腿伤参加保障工作。她说：“哪怕这条腿不要，也要参加这次保障，70 周年的保障任务做好了，比坐在观礼台上更高兴、更骄傲。”

这期间，为了不影响工作，她都没回过家。两个还在上学的孩子哭着跑来广场看她，她看着一双懂事可爱的儿女，也流下了辛酸愧疚的眼泪。其实她父亲也在这期间因病去世了，没能见到父亲最后一面也成了她最大的遗憾。她说：“咱既然待在天安门这个特殊的位置，就需要付出更多。”

蔡凤辉（左）在 2019 年庆祝中华人民共和国成立 70 周年活动现场开展保洁工作

03 “为了神圣的天安门广场，我愿一生做环卫人。”

2018 年春，蔡凤辉被推荐到中国劳动关系学院劳模学院学习，开始了环卫人的“求学之路”。平日工作中任劳任怨、吃苦耐劳的她对待学习也是格外认真投入，一边学习，一边思考如何将学到的知识带回去，改进工作方法、提高工作效率。

经过 2 年的学习深造，蔡凤辉有了新的成长。2020 年，她光荣地被评选为“全国劳动模范”，走进人民大会堂接受表彰，在现场聆听总书记的讲话，内心感慨万千。“我很庆幸生在这个幸福属于劳动者的时代，给了我平等学习的机会，给了我努力变得更优秀的机会。更幸运的是，我们劳模班还收到了习总书记的回信和鼓励，这都是党和国家对劳动者的肯定。”蔡凤辉难掩心中感激之情。

9 年来，3000 多个日夜的守护，蔡凤辉早已与天安门广场结下了深厚的情缘。“2021 年是建党 100 周年，天安门广场记载了中国共产党领导的人民不屈不挠的革命斗争历史。为了守护好这片神圣的土地，我一生甘做环卫人。”

贾拴成

甘甜尽在追求中

只要心中有梦，终会绽放光芒。

贾拴成

1976 年生，河北新乐人，中共党员，新乐市新农红薯种植专业合作社理事长兼党支部书记、河北省农技协甘薯专业委员会主任委员。曾获“全国劳动模范”“中国好人”“全国科普工作先进个人”等称号。中国劳动关系学院劳模学院 2018 级学生。

01

他是河北新乐远近闻名的“红薯大王”，全部的心思都在红薯种植、储藏和新品种的研发上。他说，他要让老乡们的日子像红薯一样甘甜。

1995 年，贾拴成高考落榜。他不想像父母那样整天面朝黄土背朝天，于是就暗下决心：就算当农民，也要当得精彩。一个偶然的机会，让贾拴成与红薯结上了缘。他引进红薯新品种，开始尝试。就在这年秋天，红薯大丰收，亩产近 1 万公斤，两亩地的红薯当年纯收入 1 万多元，这极大地鼓舞了贾拴成的信心，也让他认准了红薯种植这条发家路。

正是这次成功，让贾拴成开始琢磨自己做红薯育种。但是一个连大学都没上过的农民做杂交育种，在别人看来简直就是天方夜谭。为了实现心中的红薯梦，贾拴成只身下河南、闯山东、走内蒙，专心学习、勇于创新、大胆探索，发明了红薯水浇地旱作高产栽培、小拱棚育苗等先进技术，培育了多个品种的新农系列红薯。通过这些新技术的推广应用，种苗品质不仅得到了保证，成本也得到了控制。

除了红薯栽植新技术的应用，营销手段的不断创新也是贾拴成心中坚持的思路。他意识到网络对产品推广所产生的巨大推动力，于是建立了中国红薯网。这个平台如今已成为红火的大卖场。

“不愧是红薯大王，种植红薯有一套。”老乡们这样称赞他。

02

他以带领群众脱贫致富为己任，他是“中国好人”。

自 2003 年起，贾拴成积极响应党和国家的号召，开始投身国家的脱贫攻坚战当中。

致富不忘责任，他要让更多的人感受到温暖。

虽然自己所在的地区不是贫困县，但作为一名共产党员，贾拴成先后跑遍了多个贫困地区，办协会，开论坛，实地勘察了解，帮助制定产业规划，赠送种苗、技

1/2

1 贾拴成（前排右二）培育红薯新品种

2 贾拴成（右三）实地查看红薯新品种种植情况

术指导、培育人才，每年行程十几万公里，累计赠送种苗 100 多万颗，价值 20 多万元，使多个贫困地区通过种植红薯走上了脱贫致富的道路。2020 年，面对突如其来的新冠肺炎疫情，贾拴成捐款捐物数十万元，被中宣部文明办授予“中国好人”称号。

有人曾经对他说，你现在可谓苦尽甘来，该享享福了。听到这样的话，他总是一笑了之。他心里知道，“劳模”就意味着发光发热。他要做能照亮暗夜的温暖之光、能温暖内心的希望之热。他还要继续回报社会，让更多的农民拥有幸福感。

03/ “进入大学校园深造，我对人生的内涵有了新的领悟，对于‘劳模’的意义也有了更深的理解。”

2018 年，贾拴成走进中国劳动关系学院，圆了自己多年梦寐以求的大学梦。来到学校，贾拴成非常珍惜这来之不易的机会，虚心向每一位任课老师请教，诚心与每一位同学交往。

最令贾拴成难忘的是习近平总书记给劳模本科班学生的回信。这封回信如一缕春风吹进了贾拴成的心间，让他感动、温暖，充满前行的力量。

在校期间，贾拴成利用自身专业优势，持续助力山西和顺县开展脱贫帮扶工作。他结合当地产业发展需求，免费赠送 1.2 万株优质红薯种苗并选取 4 个示范村进行试种。为了让当地村民实现成功种植，贾拴成亲自到田间地头现场授课，手把手指导村民进行红薯种植。

他的服务和经验得到了扶贫工作队、驻村干部和当地村民的一致认可，他也被聘任为“县红薯种植指导专家”。

如今，贾拴成的创业故事被改写成电影《红薯大王贾拴成》。

回首过往，贾拴成每一步都走得无比扎实。他说，他要继续走下去，走得更长、更远。贾拴成坚信，只要心中有梦，终会绽放光芒。

矫立敏

城市“摆渡人”

择一事，终一生。

矫立敏

1967 年生，山东青岛人，中共党员，青岛城运控股公交集团车辆维修分公司员工。曾获“全国劳动模范”“全国五一劳动奖章”“全国十大节油王”等称号和荣誉。中国劳动关系学院劳模学院 2018 级学生。

01

一份专注，淬炼不负时光的品质；一份坚守，累积公交事业的情怀。

“我这辈子最大的缘分，就是握住了公交车的方向盘。”对于公交事业，矫立敏有一种异乎寻常的痴恋。这种热爱之情起源于他的父亲——一名青岛市劳模、老公交车司机。看着父亲每天乐呵呵地开着公交车上下班，矫立敏认为做一名公交车司机、服务市民是一件无比快乐、无上光荣的事。

父亲是他心中的榜样，更是他的精神灯塔。

从 1989 年正式握上方向盘那天起，矫立敏就在践行着自己的良心和承诺。从事驾驶员工作 32 年来，矫立敏倡导“文明行驶、诚信待客”，并提出五个“多一点”工作法。不管严寒酷暑，他每天提前 1 小时到路队接班，仔细地做好出车前例行检查工作，从未发生过任何交通安全责任事故，累计安全行驶里程达到百万公里，相当于环绕地球 25 圈。

矫立敏不仅能开安全车，还是节油能手。他通过对每一个公交站点、每一座立交桥、每一个交通路口的客流、车流、路面、信号灯等情况进行科学分析，精心测算发动机转速与行车车速之间的关系、行车安全与节油之间的关系，找出最佳经济时速，并总结出一套《规范操作节油工作法》。这套工作法既能保证行车安全，又能最大限度地节约燃料，减少污染物的排放量，平均每车每年节油 1000 多升。

02

“从平凡的车厢服务里，我感悟到：人无信不立，先做人后做事，做人要‘德’字为先。”

一人一车一生情。矫立敏理解的劳模精神是“择一事，终一生”。既然选择了公交事业，就要全身心地热爱与付出，就要在不断传承中加以创新。

勤学苦练为矫立敏打下了坚实的汽车驾驶与维修基础，也使他迅速成为远近闻名的技术能手。在他身边总是聚集和活跃着一些探讨车辆操作和维修技术的职工。

为此，公司成立了攻关小组，矫立敏成为生产一线技术攻关的带头人。他把自身丰富的工作经验和优秀技术毫无保留地传授给徒弟，形成梯队，为企业培养了更多中坚力量。他的多名徒弟在省市技能大赛中获奖。他还带领“公交螺丝钉”志愿服务团队，深入社区、街道，义务维修小家电、参与防疫抗疫等志愿工作，受到社会的高度认可。

03/

“作为一名技术能手，我始终有一种如履薄冰、如临深渊的感觉。勤学苦练只能使自己不致落伍掉队，而要想创造佳绩，就要勇攀高峰，不断发掘自身潜力。”

2015 年，因工作需要，矫立敏离开了工作了 25 年的驾驶岗位，担任保修厂党支部书记、工会主席，开始更多关注改善职工待遇及帮扶困难职工等问题，为单

矫立敏（右二）为驾驶员讲解机件的工作原理

矫立敏（右四）为驾驶员答疑解惑

位职工改善工作环境、休息环境以及困难职工脱困尽职尽责。同时，也开启了他的“工会情缘”。

2018 年 3 月，矫立敏终于圆了自己多年的大学梦想，正式成了中国劳动关系学院劳模学院的一名学生。在这所流淌着红色基因的学校里，矫立敏收获了很多。他学习和了解到维护职工权益需要的不仅仅是一腔热血，而且要靠专业的知识和方法。

经过 2 年系统的学习，他对工会的感情更深了，在工会领域的工作方法更多了，维护职工权益的底气更足了，他的眼界和思维也更宽阔了。这是他一生中又一个重要转折点。

在公交科技化、信息化、智能化不断发展的新时代，矫立敏一直在不断地向前奔跑。他始终认为，奋斗是一种幸福。“在平凡服务中立信，在敏锐开创中笃行。”这便是他赋予“立敏”这个名字的新内涵。

李长青

握好师傅手中的“接力棒”

让青春的梦想在岗位上闪光！
幸福永远都是奋斗出来的！

李长青

1992 年生，新疆塔城人，新疆塔城公路管理局额敏分局玛依塔斯防风雪保交通抢险救援基地副班长。曾获“全国交通运输部劳动模范”“塔城地区五四青年奖章”等称号和荣誉。中国劳动关系学院劳模学院 2018 级学生。

01

新疆塔城额敏县有一个叫玛依塔斯的地方，这里被称为“魔鬼风区”，每年8级以上大风天气多达180天。他明白，只有熟悉玛依塔斯风区的每一公里路段，才能成为一名可以“独立作战”的抢险队员。

2011年秋天，李长青考进了额敏公路分局，成为一名驾驶员。一上班，他就被分配到父亲所在的玛依塔斯防风雪抢险基地进行防风雪保畅通工作。基地的除雪机械、装甲车、坦克等装备，李长青都没有见过。这让年仅21岁的他充满了紧张与好奇感。

玛依塔斯的风雪大，涵洞经常被积雪掩埋。作业时，师傅巴图散（劳模学院2017级学生）手把手教李长青如何操作；出现“雪盲”现象时，巴图散教他怎么看公路上的标线，识别GPS定位系统……

冬季的玛依塔斯，频频遭受大风袭击，师傅巴图散就带着李长青去抢险救人。

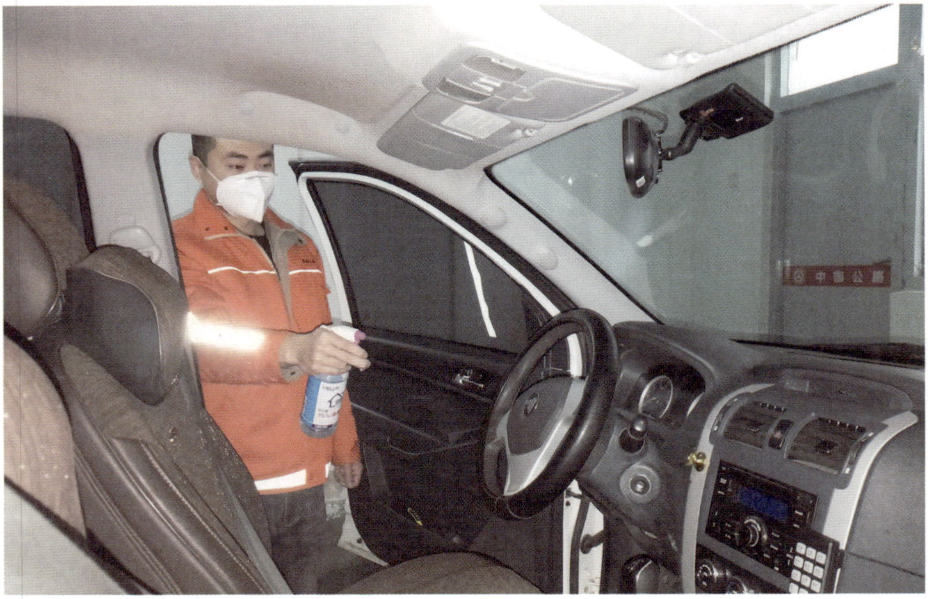

李长青对车辆进行消毒

李长青（左一）帮助被困群众转移

经历了 8 个冬季的洗礼，他已经能熟练地驾驶除雪车，并且熟悉了玛依塔斯风区的每一公里路段，成了一名可以“独立作战”的抢险队员。

学会开除雪车的李长青并没有满足现状，他又打起了学习驾驶装载挖掘机的主意。主动拜师、学习、实践、操作……吃饭的时候，手还在练习操作动作。同事们纷纷说：“长青着魔了。”但就是靠这股子“魔劲”，他在短短的 2 个月内掌握了装载挖掘机的操作要领。

如今的他，会驾驶除雪机，会驾驶装载挖掘机、自卸车，成为塔城公路管理局最年轻的“多面机械手”。

02/ 在工作中历练，像雏鹰般翱翔；把汗水洒了一地，也把真情留了一路。

2012 年 3 月的一天，玛依塔斯路段突然刮起了 10 级大风，气温降到近零下 30 摄氏度，能见度不足 5 米。这时，一个求救电话打来：“有很多旅客被困在暴风雪中！”那是李长青第一次参与惊心动魄的生死大营救！

险情就是命令！当他赶赴现场时，发现许多车辆被风雪掩埋！“先救老人和孩子！”师傅巴图散用报话机下达了命令。

他和师傅深一脚、浅一脚艰难地前行，就这样，跌倒了，爬起来，再跌倒，再爬起来……两个人几乎是翻滚着往前走。其中一位维吾尔族的老大娘实在走不动了，巴图散二话不说背起了她。“我看到我的师傅是那么坚定、那么高大！当我们将老大娘平安送进救援车里，我和师傅依着车累瘫了。”

那一次，他们救下了 406 人。

03 以奋斗的青春之姿，托举新时代。

2018 年 3 月，李长青追随着师傅巴图散的足迹，也来到了北京，到劳模学院进行脱产学习。

2018 年的“五一”国际劳动节前夕，劳模本科班全体学生怀着对党和习近平总书记的炽热情感，集体讨论并写信，向总书记汇报学习体会，表达“当好主人翁、建功新时代”的愿望和决心。

4 月 30 日，他们收到了习近平总书记给劳模班的回信。“总书记勉励我们珍惜荣誉、努力学习，在各自岗位上继续拼搏、再创佳绩，激励广大劳动者争做新时代的奋斗者。我作为劳模班的一员，感到无比的兴奋和幸福。”李长青激动地说，“总书记的回信内容精练，内涵深刻，情真意切，语重心长，不仅是对我们劳模班学生的极大鼓舞，更是对全国劳动者勤勉劳动的莫大肯定。”

“劳动最光荣、劳动最崇高、劳动最伟大、劳动最美丽。”这是总书记给予劳动的最好诠释。

大学时光总是让李长青难以忘怀，在校园里深造的他，对新时代劳模精神的内涵有了更加深刻的理解。他说，新时代的劳模不仅要踏实苦干，更要不断学习新知识，掌握新本领，做卓越技能和劳模精神的传承人。

孙志宝

为一职而晓百事
为一业而通百技

进入校园，我实现了我的大学梦。但是，一个梦实现了，必须有下一个梦想，否则人就会垮掉。

孙志宝

1976 年生，河北承德人，中共党员，北京环卫集团固废物流有限公司清运三中心驾驶员，集团历届驾驶员岗位首席员工、技术能手。曾获“全国劳动模范”“北京市劳动模范”等称号。中国劳动关系学院劳模学院 2018 级学生。

01 “哪条胡同拐弯，倒车打几把轮，都已了然于胸。”

孙志宝从小就喜欢与汽车相关的一切。从技校汽车驾驶与修理专业毕业后，孙志宝来到北京环卫集团，做了一名驾驶员。工作中，他经常向老师傅主动申请车辆保养和维修的任务，还利用工余时间，读了近百本有关汽车基础知识、维护保养方面的专业书籍，积累了丰富的汽车知识和经验。同事们有时遇到车辆的小故障，都愿意找他这个热心肠的“移动修理工”帮忙。

孙志宝每天的工作内容，就是驾车到胡同的公厕清理运输粪便。北京站附近的胡同非常狭窄，车辆转弯时只能打一把轮，多揉一把车就会撞墙，难度可想而知。但孙志宝对东城区的老胡同非常熟悉，用他的话说，“哪条胡同拐弯，倒车打几把轮，都已了然于胸”。对于每一条胡同过窄的难题，他都能用熟练的技术轻松解决。

02 “奥运有我，华诞有我！”孙志宝骄傲地说。当驾驶着游行彩车平稳行驶在长安街，分秒不差地经过天安门时，他心中又增添了一份荣誉和自豪。

在 2008 年举世瞩目的北京奥运会上，孙志宝的高超技能有了更好的用武之地，他成为一名奥运服务车辆应急维护技术员。在奥运会期间，一辆单臂钩车在使用过程中发生了严重故障，他经过反复研究，最终确定了解决方案并通过测试，保障了奥运服务车辆正常运输。

2009 年，在新中国成立 60 周年国庆庆典上，游行的队伍和彩车依次从天安门前经过。孙志宝就是其中一名彩车驾驶员。在彩车转移时，由于道路限高需要拆卸牡丹花瓣，车身从 16 米长变成了 28 米长的两截拖挂车，车上还有演员进行太极拳表演，驾驶难度非常大。驾驶员因此必须做到平稳驾驶，确保万无一失。面对这些困难，他日复一日地艰苦训练，凭着顽强的毅力、良好的心理素质和过硬的驾驶技术，圆满地完成了彩车游行任务。

1/2

1　孙志宝（左一）为工友进行培训

2　孙志宝（左一）为大学生讲解作业常识

03

“央视新闻头一条，回信内容全明了。劳动者，劳模班，激动兴奋难入眠……忘我工作献给党，读书深造是褒奖……”

全国劳模孙志宝和他的同学用快板书的形式为社区居民们宣讲习近平总书记回信精神和感人故事，引得全场鼓掌叫好。

2018 年，他和十多位“身怀绝技”的全国各地劳模一起，来到中国劳动关系学院劳模学院，开始为期 4 年的读书深造。快板里所讲的事，正是 2018 年“五一”国际劳动节前夕习近平总书记给中国劳动关系学院劳模本科班学员的回信。“我俩谁也不是文艺特长生，快板都是临时学的，虽然艺术性不及专业艺术家，但我想，只要咱心里有底气，把回信精神传播出去，就很有意义！”作为劳模宣讲团首批宣讲员、劳模班班长，孙志宝琢磨着，要通过老百姓喜闻乐见的方式广泛传播回信精神，让每一位平凡的劳动者都汲取精神养分。快板打起来，劳动精神正在激励着每一个追梦人。

2018 年至今，孙志宝十余次进社区、进学校、进企业，宣讲劳模精神、回信精神。

对劳模学院的同学们来讲，一次次的宣讲，也让他们对劳模精神有了更深的领悟。“我们将不断学习传承总书记的回信精神，以实干奋斗、干劲闯劲加钻劲，继续拼搏创佳绩！”

王加全

用铁臂
舞动梦想

梦想是一个人奋斗的动力源泉。幸福和欢乐在于奋斗，而最有价值的是为梦想而奋斗。

王加全

1984 年生，山东青岛人，中共党员，山东港口青岛港集团大港分公司机械司机。曾获“全国劳动模范”“全国五一劳动奖章”“全国优秀农民工”等称号和荣誉。中国劳动关系学院劳模学院 2018 级学生。

01

一把“金钢钻”，功到自然成。凭着一股韧劲，王加全翻过延绵大山，走向大江湖海，从门外汉成长为行业专家，从学徒工成长为全国技能竞赛冠军。

一入港，王加全就被港口“不论学历、不论身份，人人都能成才”的育人理念和浓厚氛围深深吸引，这让他坚定了扎根海港、干事创业的信念。从那时起，他勤奋学习，苦练操作技能，很快就掌握了基础理论知识，练就了过硬的操作技术。

他在港口搭建的成长平台上一路学习、一路成长。几年下来，从小吨位的吊车到大吨位的吊车，他都能够熟练驾驶，对各种货种的操作工艺也都了如指掌，努力达到“人机合一”的境界。2013 年，在全国港口青年职业技能竞赛中，他一举摘得吊车项目的桂冠，为青岛港争得了荣誉。

王加全的技能在不断学习中越来越全面，显示了他善于动脑的特点。他用心琢磨操作工艺和窍门，在现场仔细观察涨落潮对装船的影响，并与作业人员交流切磋，确定吊车支车的最佳位置，抓住每钩货最好的装船时机，提炼了“啤酒岸吊作业”操作法，打造了“亿瓶精装”作业品牌。他所在的班组实现了 17 年安全无事故。他个人与青岛港签订了劳动合同，还在青岛建立了小家庭，实现了扎根青岛港的梦想。

02

新时期的码头工人，不能光靠出大力流大汗，还得会干、巧干、用心干。

2017 年，公司建立了“加全工作室”。工作室的创建，使王加全增加了科研员、讲师等多重身份。他带领团队创新创效，相继研发了哈工吊车倒车全方位角度后视镜等 20 多项革新成果，为绿色港口、智慧港口建设增砖添瓦。他还积极发挥劳模“传、帮、带”作用，把好经验、好技术、好工作法传授给同事工友们。同事们也以“劳模精神在身边”为引领，干劲更足、冲劲更猛，在各条作业线上不断创造新成绩。

03/ 王加全经常说："荣誉只是一个光环，终有一天会褪去。只有不断学习、创新，人生才能绽放光彩。"

随着科技的日新月异、现代化港口的升级建设，码头上机械化、半自动化、智能化也一步步推进，王加全的求知欲也越来越强烈。

2018 年，在上级组织的大力推荐下，王加全收到了中国劳动关系学院劳模学院的入学通知书，成了一名大学生。

同年"五一"国际劳动节前夕，习近平总书记于百忙之中给劳模本科班学员们回信，勉励大家要"珍惜荣誉、努力学习，在各自岗位上继续拼搏、再创佳绩，用你们的干劲、闯劲、钻劲鼓舞更多的人，激励广大劳动群众争做新时代的奋斗者"。这让王加全倍受激励，更加懂得了党和国家大力弘扬劳模精神、工匠精神的深远意义。他牢记总书记和各级领导的嘱托，刻苦学习、认真研修，最终以综合排名第一的佳绩被评为学校"优秀学员干部"。

王加全在检查吊车主钩钢丝绳滑轮

王加全在检查吊车变幅卷筒钢丝绳

与此同时，他心系港口发展，创建了“京港直通连心桥”，通过热线电话、微信分享、劳模读书角等载体，第一时间传达“北京声音”，与工友们分享学习收获，激发了职工“学先模、当先进”的创新激情。

现在的王加全，正立足本职岗位，成长为懂实践、会创新的高技能人才，成为传承新时代“振超精神”的优秀产业工人代表。他在工作中不断学习，不断发现问题、解决问题，完成更多的创新成果，培养更多的技术骨干，把个人的梦、港口的梦与国家的梦融为一体。

王建清

擦亮“中国制造”底色

踏踏实实做人，认认真真做事。我们既要仰望星空，又要脚踏实地。当工人，也要做最优秀的！

王建清

1971年生，湖北十堰人，中共党员，东风商用车有限公司车辆工厂“王涛班”班长、东风汽车集团有限公司工会兼职副主席，高级技师、首席技能工种师。曾获“全国劳动模范”“全国五一劳动奖章”“中国汽车十大工匠”等称号和荣誉。第十三届全国人大代表、享受国务院政府特殊津贴。中国劳动关系学院劳模学院2018级学生。

01 / 他接过师父的旗帜，带领团队让“中国制造”走向世界。

军旅经历，赋予了王建清“要干就干好”的优秀品质。1993 年，王建清从部队复员后，进入东风汽车公司总装配厂，成为一名调整工。幸运的是，全国劳模王涛成了他的师父。自此，他开始了 28 年如一日的一线装调工作，参与装调 30 余万辆东风车，没有一例质量责任事故。

天道酬勤。2005 年，王建清接过了师傅“王涛班”的旗帜，成为东风新一代工匠代表人物。他带领“王涛班”的同事们秉承工匠精神，为客户把好最后一道质量关，让中国的东风成为世界的东风。

王建清坦言，自己对工匠精神的理解来自劳模师傅王涛的言传身教。“他教我最多的就是低调做人、认真做事，这种‘干一行，爱一行，专一行，精一行’的精益求精的精神，我觉得就是我们要去学习和传承的工匠精神。”

02 / “作为一名有 30 年党龄的共产党员，我的初心就是当一名好工人，我的使命就是为工人代言。”

一张照片一直存在王建清的手机里——他站在党旗下，身后的墙上写着“奋斗的青春最美丽”。奋斗，一直是王建清成长路上的关键词。如果用一个词来总结王建清对自己的要求，那就是“标杆”。他用自己不懈的坚持和努力树立了行业的标杆，也用自己的实际行动为一线产业工人争取权益。

2018 年，王建清当选为全国人大代表，连续 4 年在全国两会上为一线产业工人发声。2021 年，王建清继续关注一线技能人才培养，提出了“关于弘扬劳模精神、劳动精神、工匠精神，加强新时代班组建设的建议”。

在自己成长为工匠的同时，“带动和培养一批工匠”是王建清暗自给自己设定的目标。

他充分发挥“劳模创新工作室”的示范、引领和辐射带动作用，带领班组成

1/2

1　王建清对待工作精益求精

2　王建清在劳模学院举办的“劳模创新工作室论坛”上发言

员，把创新与工位器具改进、工艺流程改善等生产难点问题结合起来，自制非标工具 60 多件套。仅从 2018 年至今，王建清就完成了 310 多项创新改善，累计创效超 2000 多万元。班组成员的快速成长，让王建清也更加确定了自己“加强新时代班组建设，弘扬和传承劳模精神、劳动精神和工匠精神”的建议和主张。在他的言传身教下，一批年轻的一线产业工人也正向着新时代工匠奋发成长。

03

“幸福是奋斗出来的，劳动模范就是要以蓬勃的朝气标注新时代的奋斗气质，在学习工作中享受奉献的快乐。”

2018 年“五一”国际劳动节前夕，正在劳模学院读书的王建清，听闻习近平总书记给劳模班回信了，感觉浑身热血沸腾，更加坚定了自己读书深造的信心和决心。总书记在回信中表示，“你们为党和国家事业发展作出了突出贡献，被评为劳动模范，如今又在读书深造，这是对大家辛勤劳动、无私奉献的褒奖，也是党和国家对劳动者的关怀”。

学习是为了将来更好地工作，通过课堂上老师系统的教学指导，通过劳模创新工作室论坛上的研讨交流，通过实践活动中不断地提炼总结，王建清的知识理论水平有了很大提升。劳模学院的同学来自全国各地，在他们身上也可以学到很多好的工作方法和经验。

对王建清而言，那种重回校园的感觉特别好，学习期间自己的身心得到了一次洗礼。他在学习、工作中享受奉献的快乐，在服务他人中获得自我给养，把 12 分的热情继续注入深爱的汽车事业中。

2019 年全国两会，作为来自东风的产业工人代表，王建清还向总理交出了“答卷”：“东风天龙旗舰 KX 是中国高品质商用车的代表，这款车从设计之初，就对标国际重卡品牌，搭载先进的智能网联技术，特别是在主动安全性能方面处于行业领先水准。”

不忘产业报国初心，擦亮“中国制造”底色。王建清说：“东风人永远在路上”。

王中来

“匠心”耕耘在乡村

带动身边农民兄弟，努力实现乡村振兴。

王中来

1970 年生，陕西杨凌人，中共党员，高级农技师，杨凌中来种植专业合作社理事长，杨凌双模农业科技有限公司法定代表人。曾获“全国科普惠农带头人”“陕西省劳动模范”“最美基层科普带头人”等称号。中国劳动关系学院劳模学院 2018 级学生。

01/ "做给农民看，教给农民干，帮着农民赚。"这是王中来总结的一句话。在陕西杨凌这个我国最早成立的农业高新技术产业示范区，在春耕正酣的时节里，王中来带领农民用科技实现致富梦。

2010 年，王中来立志回乡创业，成立了中来种植专业合作社。一想到第一茬大棚蔬菜即将上市，他打心眼里充满了欢喜。然而，事与愿违。由于不懂技术，合作社种植的蔬菜品质太差，根本卖不出去。

那段时间，王中来心情跌入谷底。跟他一起创业的人纷纷说："咱们要不别干了。"但王中来没有退缩，他总结了失败的原因：不懂技术，缺少技术。"缺什么，就补什么！"从那之后，王中来开始积极参加农业部门组织的技术培训，邀请大学的农业教授去指导种植技术。功夫不负有心人，在技术后盾的帮助下，合作社逐步步入正轨，种植的西甜瓜、辣椒等优良果蔬，畅销多个省份。社员们富了，大家特别感激王中来。

但王中来心里很清楚：一个人富了不算富，社员富了也不算富，只有让大家掌握更多的先进技术，带领他们共同致富，那才叫富。

于是，他潜心钻研，把合作社打造成为"田间课堂"，通过与高校合作、教授指导，逐渐探索出一条"专家教授 + 农民技术员 + 田园使者"的发展模式。每年前来参观学习的人络绎不绝。杨凌农民被带动起来，合作社成了农民的"聚宝盆"。

02/ "知识改变命运"，这是他最欣赏的一句话。在希望的田野里耕耘，没有知识哪能行？

来到中国劳动关系学院劳模学院，让王中来大开眼界。

各行各业的劳动模范都成了他学习的榜样。他不断地谈及，在与朱军同学的交

王中来种植的西瓜大丰收

流中，他学习到军工企业里“大国工匠”的敬业精神；在与王建清同学的交流中，他学习到工业生产中严格的管理制度与创新理念；与梁慧兰同学的交流中，他学习到服务意识、公关意识。“他们每个人，都是我的榜样！”

作为班上唯一的农民劳模，他吃苦耐劳、勤奋好学的精神也成为大家学习的标杆。在这种鼓舞下，王中来立志要成为新时代的职业农民。

王中来说，对他影响最深的课程就是《职业道德》。这门课程让他懂得：职业没有贵贱，所有的职业都是社会发展不可或缺的组成部分。通过学习，王中来深深地认识到，在社会发展过程中，各行各业都有像他一样的奋斗者，正是这份初心与坚守，才有国家建设的突飞猛进。

03

在大学学习期间，王中来学习到更多新理念。他说：“在杨凌高新农业示范区，要想搞好农业，必须要有新理念、新品种、新技术和新模式。”

王中来（右）指导种植技术

2020 年，王中来结束在校的学习课程后，立马投入工作实践。当时正是国家脱贫攻坚的关键时刻，他用自己的劳动技能帮助宁夏、甘肃等西部贫困地区的农民。王中来开着自己的车上门送技术、送农资、送瓜苗，手把手地教会了他们。

"种子是农业发展的芯片。"王中来和另一位劳模投资 2000 万元，正在建设新的农业基地，取名"杨凌双模种业"。他的目标是带动更多农民加入其中。

王中来办公室的墙上，一直挂着一位书法家题写的诗："中国农民新一代，西北瓜王勤中来。田园运用高科技，四季无冬皆丰年。"这首诗承载了王中来对农业科技推广和创新致富的期望。

王中来说："我的梦想，就是要让农民为自己的职业而自豪。"

王子龙

愿用青春化甘泉

供水人，要学习水的坚忍、实践水的追求、体现水的凝聚、创造水的价值。每当看到安全、优质、清澈透明的清泉流进千家万户时，作为供水人，豪情满怀，付出再多辛苦都无怨无悔。

王子龙

1981 年生，吉林双辽人，中共党员，吉林省四平市双辽市公共安全饮水服务中心供水管道维修高级技师。曾获“全国劳动模范”“吉林省劳动模范”等称号。中国劳动关系学院劳模学院 2018 级学生。

01

上善若水，水利万物而不争。自来水管道工人的工作，就如水的品性一般，低调且平凡。

2001 年，刚刚毕业的王子龙来到双辽市自来水公司工作，成为一名供水管道维修工人。

钻进钻出脏兮兮的“地沟”进行管道维修、顶着炎炎夏日爬进爬出三四米深的沟槽铺设自来水管，是王子龙的日常工作。如果用两个字来形容他的工作，那就是“脏”和“累”。但从王子龙的口中，我们很少能听到他讲述自来水管道工人的苦与累，仿佛管道工人的工作就像自来水一样甘甜。

他虚心向师傅和同事们学习管道安装、维修技术，用心钻研工作技术。无论是安装还是维修，他总是抢在前、干在先。只要一有空闲时间，他就细心查看、翻阅公司的官网资料，并跑遍大街小巷实地对照，很快便全面掌握了全市自来水管网分布情况，每次维修时总是能精准地找到地下管网。很快他便成了公司的业务骨干，并迅速成长为管道一班的班长。

02

群众利益无小事，再平凡的工作也要认真对待！

近年来，双辽市安居工程建设步伐加快，每年都开发建设多栋住宅楼。供水管道安装工程任务量陡然增加，而且交工时间相对集中，工作强度也达到了极限。为了让居民尽快住上期盼已久的新房，王子龙经常要克服人手少的压力，带领工人们夜以继日地施工。在夏季，有时干晚了，他干脆就住在工地。虽然工作压力大，但他在施工过程中严把“精、优、快、省”四字关，即努力做到精细安装、创优良工程、不误工期、节省原料成本。正是他的严格把关、精心施工，公司连年创下了全部工程一次性通过验收的骄人业绩。

为了不影响居民用水，管道工人都是夜间施工。有一年腊月二十九，大家都准备回家过年的时候，突然有一处管道破裂，导致半个城区停水。王子龙回忆起当时

1/2

1 王子龙检修二次供水设备

2 王子龙（前排左一）在劳模学院学习

的场景，记忆犹新："东北的冬天，夜里有零下 20 多摄氏度，我和同事站在冰水里工作抢修了 6 个多小时。修好以后累得就想直接躺在沟里睡觉。我们真的就地躺了一下，结果衣服立刻冻在了地上。"

群众利益无小事。王子龙说，保护好供水管网，其实就是守护好城市的"生命线"，这就是水务管道工人的神圣职责。

03/ "走进中国劳动关系学院的那个场景，就像放电影一样历历在目，大学的美好时光一幕幕从眼前划过……"

王子龙永远也不会忘记那个令他兴奋、激动的时刻。2018 年，他终于如愿以偿地成了中国劳动关系学院劳模学院的一员。面对园林式的校园、面对既熟悉又陌生的教学楼，他像在做梦，但一切又那样真实。

和优秀的劳模一起学习交流，王子龙能从他们身上学到很多积极向上、充满正能量的东西。他在学校不但收获了知识，而且收获了同学间的友情。

王子龙在校期间，参加了"中国梦 劳动美"心连心慰问演出、全国五一劳动奖表彰大会、大国工匠年度人物颁奖典礼等重大活动。通过参加这些活动，王子龙开阔了视野，增长了见识。现在 2 年的脱产学习已经结束，王子龙已回到工作岗位，正以饱满的精神状态投入工作中。

回到单位后，王子龙利用自己在大学所学到的知识，搞创新、做研究、带团队。他说，虽然自己是名"劳模"，但他想带动更多的同事，去争做知识型、技能型、创新型的新时代产业工人，用新时代劳动者的干劲、闯劲、钻劲去影响更多人。

杨普

编织美丽人生

青春的底色永远是奋斗，奋斗的青春最精彩！

杨普

1983 年生，河北石家庄人，中共党员，党的十九大代表、共青团河北省委兼职副书记，石家庄常山北明科技股份有限公司高级技师。曾获“全国劳动模范”“全国五一劳动奖章”“中华技能大奖”等称号和荣誉，享受国务院政府特殊津贴。中国劳动关系学院劳模学院 2018 级学生。

01 刻苦练习，年轻小丫成能手。

2000年，杨普进入常山股份棉四分公司，成为一名织布挡车工。杨普暗下决心：好好干，行行都能出状元。接线头是纺织工种常见技术中的“硬活”。别人机下练习接500个，她就接1000个；别人练1小时，她就练3小时；别人谈恋爱花前月下，她处对象手不离纱线。功夫不负有心人，最终，她在一分钟内接的线头达到38个，比行业标准高了一倍。

她不仅在省市职业技能大赛上屡夺桂冠，而且在9年多的挡车工岗位上，生产的棉布累计达20多万米，成长为企业里最年轻的高级技师。她总结出“机下打结要领口诀”“双手交叉、主动引纬”等操作技巧和自创的“双套结”接头手法，大大提高了员工处理断经、断纬速度，使得班产提高了2200米。

02 诲人不倦，桃实李果满枝头。

2010年，企业以杨普的名字命名建立了“杨普工作室”，由其主导开展“传技带徒、创新创效”、员工成才“传、帮、带”活动。培训过程中，她毫无保留地传授技艺给新学员，还结合企业新工、青工多的特点，将部分枯燥乏味的操作内容，改编成朗朗上口的操作顺口溜，既增加了青工们的学习兴趣又便于记忆。公司同时还创造条件，把工作室延伸到各轮班、小组中，在最紧缺的挡车工工种中创建了32个“操作辅导站”，最直接、及时、有效地为生产排忧解难。杨普和工作室成员们结合着传统织机的操作法和各自的生产经验，大胆尝试，勇于探索，先后总结并创新了针对引进喷气织机的《大提花织机操作法》《大提花增减经密操作法》《七字断经处理法》等近30项操作法，这些都成了企业培训新工的教材。

几年来，工作室培养出各级先进模范30多名、基层班组管理人员6人。杨普把“带徒传技、创新创效”作为她成为劳模后的追求，把工作室当作她继续奋斗、孜孜以求的平台，劳模精神就这样发扬、传承……

03/ 学习充电，追梦路上不止步。

2018 年春天，杨普来到中国劳动关系学院学习，并有幸参与了劳模本科班同学从给习近平总书记写信到收到回信的全过程。习近平总书记在回信中表示，“你们为党和国家事业发展作出了突出贡献，被评为劳动模范，如今又在读书深造，这是对大家辛勤劳动、无私奉献的褒奖，也是党和国家对劳动者的关怀”。在这里，杨普实现了学习深造、自我提升的梦想。

课堂上，她聆听老师深入解读政策法规；下课后，她积极参加丰富的社会实践。教学相长，亦师亦友，切磋交流。

她积极参与“劳模大讲堂”“大国工匠面对面”等校园活动，还被聘为劳模兼职辅导员。她非常乐于与青年学子面对面，分享自己的成长经历。“我和同学们在一起，交流创新的意义，交流创业的感悟。和他们一起，我被触动着，被激励着，被感染着。”

杨普（右一）传技带徒

杨普在大学公共课课堂上演讲

曾经有人问杨普：“当下很多年轻人不愿意做工人，将来会改变这种现状吗？”

她毫不犹豫地回答：“一定会！”新时代赋予了技术工人新的机遇和舞台，培养高素质产业工人是新时代发出的有力召唤。

杨普正循着老一辈纺织人的足迹，带着责任与担当，追梦，前行！

依达亚提·拜斯拉木

沙漠里的“骆驼刺”

宁亏自己不亏别人，多干一点无所谓，不要计较那么多。幸福的果实要靠劳动去创造。

依达亚提·拜斯拉木

1978 年生，新疆富蕴人，中共党员，新疆有色集团五鑫铜业化工厂副厂长。曾获“全国劳动模范”“全国有色金属行业劳动模范”“新疆维吾尔自治区道德模范”等称号。中国劳动关系学院劳模学院 2018 级学生。

01

将时钟拨回到19年前，依达亚提·拜斯拉木（以下称“依达亚提”）高中毕业便步入社会开始工作，做过炉后工、爆破工、破碎工、电焊工、维修工。倔强的小伙下定决心，不管是什么工作，要做就做第一。

依达亚提先后拜过11位师傅，要学就要学精。正是靠着这股劲头，他终于在全公司几十名电焊工技术比武中独占鳌头，成为独当一面的技术能手。

一次公司停炉检修，因检修任务突然、时间紧迫，依达亚提在拆除电炉烟道的检修现场连续奋战70多个小时，终于如期完成检修任务，确保了紧急抢修后能够正常投产。

因输酸管道故障多发，公司决定重新架设输酸管道。依达亚提在接到任务后，连续10天在岗位上，每天工作超过12个小时。整个管道架设小组在保障生产的前提下，居然提前5天完成任务。

在管线架设完成的时候，依达亚提和同事们的双腿都在微微颤抖。连续高强度的作业使他们身心疲惫，但他们每个人脸上都洋溢着幸福的微笑。

依达亚提·拜斯拉木在检查设备

工作中的依达亚提·拜斯拉木一丝不苟

依达亚提的热心和善良感动着周围的人。他的妻子原来没有工作，无经济来源，家中有两个孩子，生活比较困难。但他仍然收养了一名 14 岁的哈萨克族孤儿卡西拉。为了能让孩子上学，他东拼西借，终于凑足了孩子上学的学费。这使他本不富裕的生活又拮据了几分，但依达亚提无怨无悔。

依达亚提曾对身边同事说过：“公司培养了我，我就要为公司奉献自己的力量和智慧，汗水要洒在该洒的地方，不能忘了本。”

02/ “这就是劳动带给我的财富和幸福。”

依达亚提在生活中乐于助人，关心身边每一个班组成员，了解他们的工作生活、思想动态。不管谁家有困难，他都会伸出热情的双手去帮助他们。

在技术上，只要是同事不懂、不会的问题，他都会主动解答。他还主动对新进员工和年轻员工进行工作指导，在提升自身技术水平的同时还不忘对身边同事“传、帮、带”。

在他工作的车间，工厂成立了以他为带头人的“依达亚提创新劳模工作室”。在面对急难险重任务时，工作室成员们总是冲在最前面，及时处理了许多棘手任务。

依达亚提说：“劳动最光荣，劳动最幸福。这点我深有体会。如今通过我的踏实努力和勤奋刻苦，我从一名普通的企业维修工人成长为化工厂的负责人，这就是劳动带给我的财富和幸福。将来我还会带领更多的同事一起在岗位上奋斗。”

03 “我相信，千锤百炼始成钢。”

2018 年 3 月，依达亚提拿着中国劳动关系学院的录取通知书，怀着无比激动的心情，开始了他期待已久的大学生活，实现了自己一直向往的大学梦。

在大学的学习生活中，他作为一名少数民族学生，最困难的是汉语言课程的学习。《论语》《老子》等国学经典的阅读和理解，对他来说都是极大的挑战。

但依达亚提并没有轻言放弃，他将工作中的坚持不懈的精神带到学习中。他利用休息时间去图书馆学习，拿着哈汉互译字典，逐字逐句地查阅不理解的内容，并认真地记录在笔记本中。

每当放长假时，他都会选择在城里逛一逛。在北京这样的文化古都，他的所见所闻、所感所想都影响着他的一言一行。学院的老师、同学们会和他一起探讨人生哲理，帮助他解答学习过程中不明白的内容，这一切令他感到亲切、温暖。

“学习是促使我不断进步的动力。”依达亚提说。他将怀着感恩的心，努力工作，回报社会，带动更多的劳动者，一起争做新时代的奋斗者。

折永斌

让梦想照进现实

不忘初心，靠自己的双手创造辉煌的人生。

折永斌

1975 年生，中共党员，陕西延安人，陕西子长市职教中心汽车驾驶与维修培训学校校长、子长市南沟岔镇双牛湾村党支部书记。曾获“陕西省劳动模范”等称号。中国劳动关系学院劳模学院 2018 级学生。

01

“我暗自告诫自己，要更加努力，靠自己的双手创造辉煌的人生。”

折永斌出生在陕西子长县（现称“张市”）一个贫穷的小山村，祖祖辈辈都过着面朝黄土背朝天的日子。他曾以优异的成绩考上高中，但当时家里的生活境况每况愈下，家庭经济无法同时承担他们兄弟姊妹的学费和生活开支。他想靠一门手艺给父母减轻负担，便辍学去当时的子长花园修理厂当了一名学徒。

他经常向师傅请教，还认真钻研各类修理书籍。工友们看他不分昼夜地学习，便给他起了一个“拼命三郎”的绰号。

一分耕耘，一分收获。别人需要 3~5 年才能出师，他仅仅用了 9 个月就能独当一面，成为修理厂的师傅教导徒弟的典范。

折永斌在认真修理汽车

02 创业，犹如在暴风雨中前行，只有实干才能解决困难。

1991 年冬天，折永斌第一次独立维修一汽的老式解放牌汽车，怀着激动的心情，他在认真检查后发现了问题所在，于是很快就处理妥当。

因为当时一门心思想自己做些事情，折永斌便走上了未知的、但充满信心的创业之路。

刚开始创业时，店里并没有多少客户，他便主动上门找客户，带着工人四处宣传，给客户免费洗车，修车也一律采取优惠政策。他坚信只要不怕苦不怕累，一定能赢得客户的信赖。

由于折永斌的为民服务宗旨和过硬的修理技术，客户逐月增加，他的业务范围从私家车扩展到厂矿企业机关单位用车；客户从当初一个月只有四五位，发展到每天有几十位。

他牢记“服务赢客户，信誉求生存”的服务理念。认真对待每一位客户，是他自始至终的服务信条。

认真对待客户的折永斌（右）

03 不忘初心，他的梦想照进现实。

折永斌在中国劳动关系学院劳模学院学习深造期间，老师和同学们对他的学习和生活都给予了很大的帮助。

在习近平总书记回信精神的激励下，他迸发出奋勇争先，争创一流的激情。回到工作岗位以后，他积极创建劳模工作室，充分发挥劳动模范的示范作用，带领公司全体员工，立足延安革命老区，服务家乡的父老乡亲。

即使是在求学深造期间，折永斌也一直积极投身公益与扶贫工作，帮助更多的人。他觉得帮助更多的人的人生更有价值。

在新冠肺炎疫情面前，他带头捐赠口罩、消毒液等防疫物资达 1 万多元；累计资助 70 多名贫困大学生 20 多万元；累计缴税 1000 多万元；为子长市环卫工人捐款捐物 8 万多元；帮助贫困村修路，救助贫困村民款、物 20 多万元；先后解决了下岗职工及未就业大学生 100 多人的就业问题；为 300 多名下岗职工、退役军人、未就业大学生减免汽车维修与驾驶技术培训费 200 多万元……

这一串串数字背后，是折永斌回报社会的善举。

一个农家子弟的梦想之旅，也是实现人生自我价值的过程。折永斌说："我是农民的儿子，只有不断完善自我，铭记父辈们的谆谆教导，才能保证农民的本色永不褪色！"

朱军

数控“新星”的追梦路

成为一个对企业、对社会有用的人。

朱军

1991 年生，湖南怀化人，中国兵器工业江麓机电集团有限公司综合传动分厂数控车工高级技师。曾获“全国五一劳动奖章”“湖南省技术能手”“湖南省数控车工状元”等荣誉和称号。中国劳动关系学院劳模学院 2018 级学生。

01/ 每天都是与冷冰冰的机床打交道，这位“90后”小伙子所从事的工作，在外人看来是如此乏味，但他说：“我喜欢我的工作。”

“有了一门技术，以后不管去到哪，都可以凭借自己的手艺吃饭，这比单纯的卖苦力好得多。”自幼留守农村、常为奶奶分担重活、深知父母不易的朱军听取了老师的建议，决定去学数控技术。刚工作的时候，朱军看不懂图纸，看到师傅们的熟练操作，他一阵脸红，暗下决心：一定要提高自己的专业水平，成为一名高素质人才。

朱军每天随身携带专业书籍，一有时间就拿出来看一眼。他主动申请上夜班，晚上上班，白天学习。工友们一度以为他去做了别的工作。“成为一个对企业、对社会有用的人。”这句话成了他的座右铭，促使他养成了不断进取、勤奋学习、踏实工作的良好习惯。朱军的师傅——全国劳动模范罗军这样评价这个年轻的“90后”：“吃得了苦，耐得住寂寞，坐得住冷板凳。”

朱军作为一名数控机床工人，整天置身于嘈杂的车间，与冰冷的机床、结构复杂的零件打交道。道虽通不行不至，事虽小不为不成。朱军说，他最幸福的时刻就是完成一件又一件让自己满意的作品。

02/ 从0.05毫米变为0.015毫米，这可能吗？朱军接到任务后，拿出一副“不啃下硬骨头不罢休”的态度。他说：“竭尽所能也许能成功。”

随着现代化进程的推进，中国正逐渐从制造大国转变为制造强国。技术创新是重要的推动力。

零件误差从0.05毫米变为0.015毫米，这可能吗？

2015年，在接到公司要求缩小零件误差范围的任务后，朱军的同事纷纷摇头表示：“从百分位精细到千分位，难度太大了。”朱军听了未置一词，心里默默地

朱军在操作设备

朱军（中）带徒传技

想：“试一试吧，竭尽所能也许能成功。”不管白天还是黑夜，他一直在想解决办法，有时甚至半夜还从床上爬起来看书。他积极向师傅请教，翻阅专业书籍，做大量的试验，通过获得精准的数据及正确的分析，最终顺利完成了任务。

2016 年，公司希望他可以解决某薄壁油缸零件的加工难题。他大胆创新，提出用卧床代替立车的加工方式，增加工装夹具防止工件变形。经过多次的摸索试验，他不仅制造出，符合要求的精密零件，还大大提高了工作效率。

朱军终于体会到师傅常说的“创新是最大的快乐”。

经过多年的努力，朱军先后荣获“湖南省劳动模范”“湖南省技术能手”“全国五一劳动奖章”等荣誉和称号。但他认为荣誉只是一个光环，终有一天会褪去，只有学以致用，才能体现技能的真正意义和价值。

03

“驽马十驾，功在不舍。锲而舍之，朽木不折。”这是朱军信守的格言。他相信学无止境，于是再次踏上征程，来到大学校园。这一切是那样陌生又熟悉，热烈而美好……

2018 年 3 月，朱军踏进了自己梦寐以求的大学殿堂——中国劳动关系学院的校门。“这将意味着我的人生又一次经历重要的升华和蜕变，成为我学习生涯的又一个里程碑。”在这里，朱军将完成 2 年的脱产学习和 2 年集中面授的社会工作专业本科教育。

在与同学们的切磋中，在与老师们的交流中，朱军更加深刻体会到“劳动”的意义：“劳动者最重要的是素质，是劳动创造造就了劳动模范”。作为一名数控工人，朱军知道制造出一件件完美的精品，需要方法的创新与技术的完善。“因此，学习是一件长久的事，大学生活让我变得更加沉稳，更加相信传承的力量。”大学里的朱军感触颇深。

本着“当好主人翁、建功新时代”的奋斗豪情，朱军所在的劳模学院全体同学写了致习近平总书记的信。2018 年 4 月 30 日，得知习近平总书记给中国劳动关系学院劳模本科班全体同学回信后，朱军说：“我特别激动，及时观看了当晚的《新闻联播》，并连夜从湖南赶回北京，参加学校组织的座谈会。”

座谈会那天，朱军用平实的语言表达了自己的感想。

如今，这名“90 后”的小伙子在自己所从事的专业领域里已成为一个典范、一面旗帜，但他谦虚地说：“我只是继承了老一辈产业工人的优良传统和拿手绝活儿。”

未来很远，朱军的梦还很长，他要带领年轻一代的技术工人快速成长起来，创造出更多的精品。

拜丽

百姓身边的金融服务“明星”

做好自己手头的事，一步一步，脚踏实地。

拜丽

1984 年生，新疆塔城人，中国邮政储蓄银行新疆乌鲁木齐市分行沙依巴克区支行理财经理。曾获“全国劳动模范”“全国邮政系统先进个人”等称号。中国劳动关系学院劳模学院 2019 级学生。

01 “亚克西！丫头子！”

拜丽出生在新疆西北部的边陲小镇——塔城额敏县也木勒牧场，小白杨哨所就在她的家乡。

中专毕业，拜丽回到了自己曾经就读的小学校园，成了一名编制外的学前班老师，每个月 200 元工资。后来，她去县幼儿园、私立学校当过老师，摆过摊，在移动公司干过一年多，自己也开过小店，直至认识了她的先生，毅然决然跟随他来到陌生的城市，一切又从零开始。

一次偶然的机会，她在晚报右下角的广告里看到邮储银行正在对外招聘的消息。在学历、专业都不符合要求的情况下，拜丽依旧诚恳地请求负责单位给她一个报名的机会。凭借之前多份工作积累下来的实力，拜丽过五关斩六将，从 300 多名应聘者中突出重围，成功地成了中国邮政储蓄银行新疆分行第一批外招的员工之一。

岁月不居。2021 年，已是拜丽在邮储银行工作的第 12 个年头。“每当回想起初坐柜台时的青涩，人生第一位维吾尔族大叔客户的那句简简单单的鼓励——‘亚克西！丫头子！’总是会模糊我的双眼。”

拜丽（左）走访办理业务

拜丽（左）给徒弟解答业务知识

那份饱含肯定的鼓励，激励着拜丽不负光阴，认真服务好每一位客户。

02 / 她身上永远都充满了正能量。

2016 年，拜丽创新工作室成立。在拜丽的示范引领下，工作室一直秉承着“传、帮、带”的优良传统，引导着一批批有冲劲、勇拼搏的年轻人尽快适应新环境，让他们在岗位上发光发热。

在金融系统，敬业和严谨是对每位员工最基本的要求。

探讨问题，头脑风暴……工作室成员的交流十分热烈。从银行业最先进的装置和设备，到最热卖的金融产品，再到客户体验与业务运营，大家觉得这种方式非常有意义，内心很充实。

随着工作室力量的不断壮大，一批批优秀的信贷主管、理财经理、员工逐步成长为个人金融服务专家。

“赠人玫瑰，手有余香。她身上永远都充满了正能量，感染着身边的每一个人！”大家这样评价拜丽。

对于这样的评价，拜丽有些不好意思：“现如今，金融服务行业竞争激烈，分行中间业务种类繁多，个性化需求旺盛。如何进一步注重服务细节和提高服务质量，是今后我们需要解决的问题。”

03 “我对社会工作专业充满了期待。”

2019 年，拜丽进入中国劳动关系学院劳模学院学习。“我当时选择了社会工作专业，这个专业有助于我做好本职工作，有助于我未来更好地服务客户、服务社会。”

拜丽表示，学习社会工作的知识与方法，能够让她更好地走近大众，更好地与同事沟通，为更多人提供专业的金融服务。

“为了帮助更多的客户系统地了解专业金融知识，我们经常在支行组织理财沙龙活动，普及理财方面的知识。通过大学课程的学习，我逐渐掌握了一些语言的艺术，用更平实的语言将产品讲得透彻明白、通俗易懂，将风险提示到位，然后根据客户风险测评情况推荐相关产品，为客户量身定制理财方案。”

拜丽的学习态度和成绩也获得了认可，被评为优秀学员。

她说，她还会继续把所学知识运用到工作中，打造更加优质的金融服务品牌。

毕晓雪

勇探农业加工“新模式”

学习就是一种修行，劳动精神就是不要把工作当作一种赚钱的工具，而是提升自我素养和汲取精神食粮的方式。

毕晓雪

1974 年生，安徽合肥人，合肥大圩葡萄酒有限公司董事长、合肥金大圩农业科技有限公司董事兼法人代表、继梵希（北京）果酒有限公司法人代表兼总经理。曾获“全国农村青年致富带头人”“安徽省劳动模范”等称号。中国劳动关系学院劳模学院 2019 级学生。

01 / 强品牌、开销路、拓渠道，他用自己的智慧、胆识和毅力，展示了新一代青年农民的创业历程。

毕晓雪第一次与葡萄酒行业结缘，是在 2001 年。毕晓雪凭着出色的表现，在山东省烟台一家葡萄酒有限公司担任车间主任、销售部经理。2003 年 7 月，一次偶然的机会，他来到合肥大圩镇，了解到这里优越的自然条件适宜各种优良葡萄品种的生长，于是萌发出一个想法，要辞职创业。他要带动大圩乡的葡萄种植农户做自己的品牌，带领大家一起发展致富。

2004 年，毕晓雪燃起激情，投身到轰轰烈烈的艰苦创业中。通过努力实践，他创办了合肥市大圩葡萄酒有限公司。之后，他又创建了安徽皖雪商贸有限公司。这两家企业实施“公司 + 专业合作社 + 农户”的模式，实行统一品牌、统一管

毕晓雪（右）慰问困难职工

理、统一生产、统一销售的“四个统一”方针。企业不断发展壮大，并直接带动逾1000户农户种植葡萄致富。此外，他还自费举办大圩葡萄酒文化节，为市民提供了新的娱乐休闲方式，也为葡萄找到了新的销售渠道，同时提高了大圩公司和产品的知名度。

02／

掌管一家大企业的老总，居然拉着小车往果蔬批发市场跑，干着和农民一样的活，这样的事情，说出去很少有人相信。

2017年，毕晓雪被推选为大圩镇都市产业联合会法人兼会长，联合葡萄产业协会、蔬菜产业协会、农家乐产业协会、苗木产业协会等多个产业协会带动大圩镇的农户增产增收，一起发展。

毕晓雪研发新产品

当年，因为气候原因，大圩的蔬菜滞销，毕晓雪与当地的乡亲们一起，拉着刚刚采摘的葡萄往果蔬批发市场运，并四处寻找批发商，见到批发商就向他们宣传大圩镇所出产的蔬果的好处，然后谈价格、装货、运货，一天下来精疲力竭、口干舌燥。为了解决蔬菜瓜果在运输之前需要预冷的问题，他带领公司自筹资金建造冷库。毕晓雪不仅在种植、技术及销售方面为农民朋友解决问题，同时还开设新型职业农民培训班、葡萄种植技术培训班等，为农民带来理论知识，农民不掏一分钱就可以学技术。

毕晓雪知道，一个企业的成长离不开国家良好的政策扶持和优越的经营环境，作为企业掌门人的他，应该用自己的行动来反哺社会，帮农、扶农、助农。正如他所说的那样——初心不变，正确的事情，他会一直做下去！

03

作为受过高等教育、具有较高知识水平的农民企业家，毕晓雪更明白“科学技术是第一生产力”的道理。能否在自主的葡萄酒品牌上获得更大收益，他心中有一本账。

为进一步推动公司发展，带动更多的群众致富，2019 年，毕晓雪决定到中国劳动关系学院继续深造，带领公司和果农走上现代农业之路。

大学校园是他人生中一个新的起点和加油站。他说：“我非常幸运，也心怀感恩，发展无止境，前进永不停。”大学满足了他对知识的渴望与需求，所以在学习上，他认真刻苦，严格要求自己，让自己掌握的知识进一步细化、系统化。学校里的人际关系简单、纯真。茶余饭后，他和同学们分享自己成长的经历，积极与同学交流、向同学学习，使自己的知识水平、思想境界、工作能力等方面都有很大的提升。

在未来的发展中，毕晓雪更加意识到知识和素质的重要性，通过不断学习实践，加强科技创新、延伸产业链，利用所学知识，努力把合肥大圩葡萄酒做大做强，带领更多的人不断发展、脱贫致富、奉献社会，践行自己的创业初心！

陈标

一把“小焊枪”成就“大作为”

年轻人不应服输，对于困难永不服输，对于工作永不放松。

陈标

1986 年生，安徽阜阳人，合肥燃气集团工程公司焊工班班长，国家一级建造师。曾获“安徽省劳动模范”“合肥市青年五四奖章”“合肥市庐州工匠标兵”等称号和荣誉。中国劳动关系学院劳模学院 2019 级学生。

01 从一个门外“焊”成长为一名劳模，他只用了短短6年。

2010年，24岁的陈标进入合肥燃气集团有限公司，他选择的工种是工作环境异常艰苦的压力管道焊接技师。

夏天面对高温炙烤，常常整天裹着一身湿透的工作服；冬日在瑟瑟寒风中为了作业方便、精准，也只能穿着单薄的工作服。为了焊好每一道焊缝，他需要不停变换着坐、趴、跪、卧等多种姿势，长时间地专注焊接令眼睛发酸胀痛。

面对环境挑战，陈标从未退缩。“只要是工作需要，我付出再多也在所不辞”。

过硬的技术是基础，尤其是压力管道的焊接，关系到千家万户的用气安全，每一个焊缝都要精准作业，不能有一丝马虎。

“陈标特别吃苦耐劳、勤勉好学，仅2个多月就出师了。”提起爱徒，童乃刚师傅连连夸赞。不怕苦、不怕累，反复训练、思考、摸索、总结，锲而不舍，在日积月累的磨砺中，陈标练就了一身绝活儿。

由他焊接的管道，常常被誉为最可靠的免检工程。

陈标（左二）在焊接作业现场

02 “小岗位”也能有“大作为”。

“陈标的标，是标杆的标。”同事们边开玩笑，边把自己焊接好的产品拿给陈标检查一番。这不仅是因为陈标拥有全班组最过硬的焊接技艺，还因为他拥有的很多发明创造，能让焊接作业更加方便、精准和高效。

“电熔套安装夹具”“PE 管机械止气夹”“管道弯头外对口器”这三项技术创新成果是陈标依托创新工作室试验总结出的，申请并荣获了国家专利。如今，他的这些科技发明，已经应用于合肥燃气公司多个施工工地，大大地提高了施工效率。

陈标在自己学有所成的同时，首先想到让全班一起进步。在他的带动下，焊工班形成了一股学技术、练技术、比技术的好风气，并连续 5 年获得合肥燃气“标杆班组”第一名，2016 年还荣获“安徽省标杆班组”称号。

陈标说，荣誉只能代表过去，未来任重而道远。

陈标在中国劳动关系学院图书馆看书

03 青春的底色永远离不开“奋斗”。

在年轻劳模的成长道路上，学习是一个永不过时的标签。2019 年 3 月，陈标如愿来到中国劳动关系学院劳模学院学习。陈标说，自己在校学习期间收获很多：“对原本知识面狭窄的我来说，仿佛开辟了新的思维方式。”

虽然在校学习的时间已过去 2 年，但课堂上老师生动的讲解，陈标仍记忆犹新。

“我学到了知识、提升了认识。例如，中国传统文化、法律基础知识、集体协商制度、心理学、社会学、体育等课程的学习，不但能完善自我，更能帮助他人。我们参加学校组织的实践活动，增长了见识，丰富了学习内容。和同学们在一起，就像亲人般温暖，其乐融融。”

陈标说，自己处于三十而立至四十不惑的年龄，因有这段求学经历，而感到美好。

“我回到工作岗位后，会继续脚踏实地，不负韶华，在勤劳的工作中寻找希望与光明，撸起袖子加油干，为用户便捷用上天然气，继续奋斗。”

在人生的征程上，奋斗是陈标最美丽的誓言。

陈小玲

三尺加油岛
人生大舞台

服务别人就是服务自己。我要用毕生的精力做好手中的事业。

陈小玲

1979 年生，四川泸州人，中共党员，中国石油四川销售经理人学院副院长、龙马加油站党支部书记，加油技能高级工。曾获“全国劳动模范”“全国三八红旗手”等称号。中国劳动关系学院劳模学院 2019 级学生。

01

一把油枪，奉献的是火热青春；一路坚持，成就的是初心梦想。

2005 年，中专毕业的陈小玲走进中石油，当上了一名加油员，这是她人生中的第一份稳定工作。然而陈小玲天生就对汽油过敏。第一天上班，才几个小时，她身上就长起了红斑，奇痒无比，但是这个川妹子偏偏有股子倔劲，咬着牙坚持了一个月。虽然是带着满身的伤疤，但她的身体也慢慢争气了，不再对汽油那么敏感了。

这一坚持，就是 10 年，"一不小心"，她就成了全国劳模。从业 10 余年，她用双手加好每一箱油，用双脚走进顾客的心，用微笑温暖自己的团队，成为一名基层"营销大师"。陈小玲和她的团队打造的"陈小玲工作法"屡建奇效——龙马加油站让竞争对手每升油降价 3 角都抢不走客户；每年外送 4000 多吨油品，相当于送出一个中型加油站……陈小玲用自己的坚持和努力成就了一个个"营销奇迹"。

02

用"加油十三步操"提升员工专业技能，用"喊话服务"营造强大卖场，她的营销案例被列为"全国 MBA 教育指导教学案例"。

将服务不断扩展，从生活到工作，陈小玲自创的"服务 +"工作法在小小的加油站大放异彩。对于客户，陈小玲建立龙马"坝坝宴客户圈"，让客户在这里交流感情、互通有无，在拉近加油站与客户距离的同时，促进了油品销售。对于资源，龙马大道修路 7 个月，其他加油站纷纷停业，顾客烦恼去哪里加油时，龙马加油站原地坚守。从与施工队伍协调，到资源配送维稳，龙马加油站在道路施工期间销量不仅未减，还创造了 200 万元利润，达到了客户与企业共赢的局面。陈小玲带领的龙马加油站，实现顾客口碑与经营业绩双赢，主要业绩指标连年翻番，让每一个员工都感到有奔头。

1/2

1　陈小玲为客户加油

2　陈小玲（中）和青年学子在一起交流

2017 年，以陈小玲命名的中国石油四川销售经理人学院第二分院成立了龙马加油站，培养了更多业务骨干、职业经理。

如今，龙马加油站已经是陈小玲的第二个家。她将青春和热血倾注在自己深爱的岗位上，带领团队在成就事业的同时也成就了自我。其实不仅仅是陈小玲，从龙马加油站还走出 1 名处级干部、3 名科级干部、8 名加油站经理、14 名公司业务骨干。龙马加油站被誉为培养加油站经营管理人员的“黄埔军校”。

03／“天道酬勤，把理论转变为实践，把想法转化为干法，让劳模精神延续传承，在服务他人中成就自我！”

16 岁那年，为了圆弟弟的“大学梦”，陈小玲辍学打工，但她从来没有放弃继续求学的愿望。

2019 年，陈小玲正式成了中国劳动关系学院劳模学院的一名学生，和来自全国各地的劳模同学一同学习。她说：“如果 14 年前没有中国石油这个大家庭接纳我，今天我可能还在摆地摊、打零工。我最大的感受是赶上了好时代，走进了中石油，是加油站这个梦工厂圆了我的大学梦！”

再次走进校园，陈小玲选择了学习人力资源管理专业，希望将学到的文化知识运用到工作实践中。对于这次来之不易的学习机会，她很是珍惜。

在第一次专业课招聘管理的课堂中，老师讲授如何提高招聘成功率和降低流失率的内容，陈小玲很受触动。她在校学习非常刻苦。她经常出现在图书馆，坐姿端正，身边堆着一摞专业书籍，沉浸于阅读和思考之中。她还担任学校本科学生的兼职辅导员，用自己的事迹和精神引领青年大学生成长。

陈小玲常常勉励大家，苦难并不会因为懦弱而减轻，对于事业最初的梦想需要咬牙坚持，青春因客户的满意而出彩，热爱是成就事业的力量之泉。她是一名普普通通的加油工，却靠自己的汗水与智慧成就了灿烂人生。

陈振文

俯首耕耘的铁路人

把身边的小事做好，把应尽的责任落实。

陈振文

1973 年生，河北石家庄人，中国铁路总公司北京铁路局集团公司石家庄南站运转车间调车指导。曾获“全国五一劳动奖章”等荣誉。中国劳动关系学院劳模学院 2019 级学生。

01

在石家庄南编组站的峰顶提钩平台上保持着这样一个纪录——“千钩万辆无差错”。纪录的保持者就是陈振文。

陈振文所在的石家庄南编组站自动化驼峰是保障石家庄枢纽运输畅通的关键所在，每班解体上千辆货车所需要执行的几百钩调车作业就是在这里完成的。峰顶提钩平台长度 300 米，强度大、标准高、作业精细是这 300 米地带的代名词。在这样高强度、高压力的工作环境下，陈振文不仅连续保持着个人作业“零差错”的安全纪录，还坚持做到“三先”：最苦累的活儿自己先干、最险急的活儿自己先接、最难重的事自己先上。

在他的言传身教下，他所在的调车组严格遵守安全生产规章制度，在每个班次编解近千辆货物列车的高强度作业下，杜绝了安全生产事故，圆满地完成了每一次

陈振文（右）带徒传技

陈振文（右）与同事一起学习研讨

任务，创造了有史以来车站同类调车班组安全生产的最高纪录，为铁路运输大动脉的安全畅通作出了突出贡献。

每天面对成千上万的车辆和瞬息万变的作业情况，而不能出现任何差池，操作者着实需要一身“真本事”和“硬功夫”。

02/ 说起陈振文的“真本事”和“硬功夫”，就不得不提到他手中的两件法宝：“12 字工作法”和“振文工作室”。

“想在前、看到位、说到底、管必严”这 12 个字，就是陈振文的“12 字工作法”。这是陈振文和他的班组经过长期的工作实践和反复揣摩，针对峰顶小组作业特点，特别是非正常情况下的作业及特殊车辆的调动等方面，围绕着“现场怎么干，楼上如何控，相互之间配合协作如何掌握”，不断揣摩和总结出来的。这套工作法不仅起到全面控制驼峰安全风险的效果，还达到了易于被接受、便于被推广的目的。

驼峰地带作业安全风险极高，更需要团队的协作。2014 年，陈振文所在的运转车间专门成立了“振文工作室”，这样，他的另一个“法宝”也就应运而生了。陈振文开玩笑说：“车间主任和主管副主任都成了我的帮手和伙计，这回我一定得好好使唤使唤他们。”工作室成立以来，振文工作室牵头组织开展各项攻关 10 余项，制定各类安全卡控措施 17 条，使工作室真正成了守护 300 米驼峰地带绝对安全的“制胜法宝”。

03 我来到劳模学院的那一年，对我来说是真正不平凡的一年……

回忆起 2019 年来到劳模学院学习的经历，陈振文感慨道：“2019 年，对我来说是真正不平凡的一年。”2019 年，祖国迎来 70 周岁华诞，中国劳动关系学院迎来了 70 周年校庆，劳模学院正式成立。作为劳模学院 2019 级的新生，陈振文见证并参与了这一系列重要的历史时刻。在这里，他不仅圆了自己的大学梦，也参与了学校和学院的筑梦旅程，这一切对他来说都意义非凡。

“70 周年校庆活动中，我有幸见到了劳模班的校友前辈们，他们对学校真挚的情感深深地触动了我。”作为校庆活动志愿者，陈振文把对学校和劳模校友们的情感融入点滴的志愿行动中。忙碌筹备、搬运物资、引导接待、交流座谈，他看到、听到、了解到的是，每一位从劳模班走出去的人都对这里有着深厚的情感和高度的认同感。能够成为他们中的一员，他觉得自己无比幸运。

劳模学院成立后，陈振文感觉自己更加忙碌充实了——课堂教学内容日益丰富，校外实践活动形式多样。他和劳模同学一起走进人民大会堂，参加庄严而又神圣的表彰仪式；他走近“大国工匠”高凤林，深刻体会到精益求精的大师风范。一次次参与活动、交流学习不仅让他增长了见识、开阔了眼界、丰富了知识，更重要的是让他变得更加自信从容了。

陈振文长期坚守在铁路工作一线。他不仅需要默默俯首耕耘，还要抬头仰望星空，看得远了，往后的路才能走得更坚定、更宽阔。

代红艳

给一条路
最长情的告白

我的前半生，一直在路上。初心是为了追随养路工父亲温暖的背影，慢慢地，把自己也定格成公路上橘红的剪影。守护别人的路，就是我自己的人生道路。

代红艳

1979 年生，湖北孝感人，中共党员，湖北省孝感市云梦县公路管理局副局长。曾获“全国五一劳动奖章”“全国三八红旗手”“湖北省劳动模范”等荣誉和称号。中国劳动关系学院劳模学院 2019 级学生。

01／ 养路工作虽然平凡，但在平凡的岗位上同样能实现自己的人生价值。

对代红艳来说，她对公路有着一种无法言尽的情怀。她 18 岁时继承了父亲的遗愿，当上了一名养路工人，在湖北最偏远、最艰苦的倒店乡公路“道班”。面对亲友的反对，代红艳认为“养路工作虽然平凡，但在平凡的岗位上同样能实现自己的人生价值”。她毅然决然开始守护公路界操线，一守就是 19 年。

一个人，一条路，19 年。代红艳用坏了 5 辆斗车、骑坏了 10 辆自行车、更换了 54 把铁锹和 103 把扫帚，巡查公路 10 多万公里，写下了 21 本工作日志。在烈日下，她挥汗除草；在暴雨中，她清淤疏沟；在大雪天里，她铲雪撒盐……无论条件多么艰苦、环境多么恶劣，代红艳没有怨言，勤勤恳恳地奋战在养路一线，她将青春与汗水奉献在平凡的工作岗位上，默默守护了千千万万过路人的安全。常年艰苦工作让代红艳落下了风湿关节炎的病根，但她说：“界操线能成为乡村文明公路，是我最欣慰、最自豪的事。”

02／ 一言一行不忘公仆形象，一举一动常思百姓冷暖。

2016 年，代红艳被破格提拔到局机关领导岗位。她主动扛起精准扶贫的担子，为驻村修整道路、安装安全振荡标线，保障村民出行安全；清理塘堰淤泥，促进村民农业生产；送医下乡，为老百姓的健康保驾护航。

2020 年初，新冠肺炎疫情席卷了代红艳的家乡。作为一名疫情重灾区的共产党员，代红艳第一时间到单位报到，义无反顾地冲到最前线，发挥先锋模范带头作用。她承担起 5 个封闭楼栋 60 多户的后勤服务工作，和大家每天准时完成居民的生活物资及药品配送，协助入户筛查，并测量体温。解封后，她又报名当了社区志愿者，负责药品登记发放、小区日常巡查等工作。与此同时，她积极做好政策宣传、心理疏导，有效化解因药品供应种类、价格等引起的问题，赢得了广大居民的

1/2

1 代红艳在清理路面排水沟

2 代红艳（穿条纹T恤者）和劳模同学上课时的合影

理解和支持，为打赢疫情防控战作出了应有的贡献。

03

偏安一隅，也有像公路一样延伸的愿望；立足平凡，也有像铺路石一样坚定的目标。

早在做养路工的那些年里，代红艳就通过自学通过了高级工和技师考试，成了业务上的行家里手。2019 年，代红艳被中国劳动关系学院劳模学院录取，获得梦寐以求的学习机会。临行前，她到父亲的坟前，流着泪水告慰父亲："我比您幸运，遇上了更好的时代，圆了我的大学梦，我一定会努力学习。"

在校学习期间，不管遇到什么事情，她都不缺席任何课程的学习。"劳模就得有一股坐得住的踏实劲儿。"她怀揣着一颗对知识无限憧憬的心，课堂内仔细聆听，课堂外认真思考。经过几个月来与同学们朝夕相处，她对劳模精神有了新理解："这是一种'钉钉子'精神，在平凡岗位上坚持不懈。"她明白了如何把这种精神转化为勇于担当的强大动力，把学习的效果转化为谋划工作的具体实践。当学成归岗，她仿佛看到父亲站在公路拐弯处，向她竖起大拇指点赞。

每一个胜利的终点，都是新征程的起点。向着新的梦想出发，执着且坚定，这是代红艳的信念。

她相信，继续传承和发扬铺路石精神，就能抵达星辰大海的明天。

李齐芳

邮路上的巾帼信使

你把工作做好了，别人就对你好；别人对你好，你就愿意做得更好。我只是做好了自己的工作。

李齐芳

1973年生，陕西榆林人，原就职于陕西省米脂县邮政分公司。曾获“陕西省劳动模范”“陕西省三八红旗手”等称号。中国劳动关系学院劳模学院2019级学生。

01／ 14年，她在风雨邮路上一路坚守。

2005 年，32 岁的李齐芳成为陕西米脂县邮政分公司一名普通邮递员。自此，她开始了无怨无悔的邮路征程。

邮政投递一头连着国家，一头连着百姓和企业。她的工作看似轻松简单、平平无奇，但责任重大、意义深远，要长时间把这份普通的工作做好、做细，不是一件容易的事情。

李齐芳每天按时从邮局出发，沿着负责的邮路到一个个投递点，把一份份报纸、一本本杂志、一封封信件，准确及时地送到千家万户。

无论风霜雪雨、严寒酷暑，从未脱过一次班、漏过一个投递点。14 年中，她先后投递过 3 个段道，用坏了 3 辆自行车、2 辆摩托车，走过了 25 万公里。

02／ 在她心里，用户是亲人。

在投递中，她想得最多的就是怎样做才能适应用户多层次的需求。想用户之所想，她从细节入手，从实际出发，采取不同时间段、不同需求的个性化投递方式。

她早上提早出班，投递居民和郊区村庄的用户；上班时间投递单位、厂矿、企业，力争投递时做到收投相见。

段道上的大杂院，没有门房的小区，她自制报箱；对用邮无固定地址的用户，她就写上自己的地址，并完好无损地将邮件转交收件人；而对于老弱病残用户，她不仅送邮上门，还经常帮他们干活、买东西。

2011 年春天，李齐芳给官庄村的一位老人送报纸。见无人应声，她掀起门帘见老人躺在炕上，浓烈的煤烟味扑鼻而来。她急忙呼救，和周围邻居一起抬出老人，及时送往医院，老人得以转危为安。老人出院后曾重金感谢她，却被她婉言谢绝。

一桩桩，一件件，看似平凡又普通……时间一长，对用户来说，李齐芳已不仅仅是一个邮递员，更是他们的知心朋友，老熟人。

03 不倦的鸿雁，用执着的节拍应和着逆流的飞歌。

2019 年，李齐芳收到劳模学院录取通知书时，曾有过一时的纠结。

单位任务重，人手少，岗位不能长时间缺人。为了能心无旁骛地学习，李齐芳选择办理内退。现在，她对当时的选择不曾后悔。

入校后，李齐芳对来之不易的学习机会倍感珍惜。她上课抢坐教室第一排，下课去图书馆看书，计算机课程从最初的只会开机关机，到弄懂学会。对于杨冬梅老师讲授的《工会法》，有些内容没听明白，课下她就全文手抄一遍，再理解。

可还是有难通的关。

原会建老师课上要求每人独立发言 3 分钟。轮到李齐芳时，她站在讲台上不停地紧张发抖。“我悄悄告诉老师，我当众讲话就是会感到巨大的压力。我现在还记得，手心里全都是汗。”

李齐芳开始了一天的投递工作

李齐芳在认真处理工作

李齐芳说："第二节课时，原老师让我坐中间，其他同学围着坐一圈，每个人依次讲一句我的优点。其实我不记得同学们说了什么，不过自那以后，我突然像打开了心结，觉得讲不好没有关系，自己不会才学，即使说错了，也没有什么关系呀。"

一次次的课堂发言后，李齐芳终于可以镇定自若地完成3分钟演讲了。

"从学校回来后，身边的人说我的进步突飞猛进，言谈举止都与之前不同了。"李齐芳说，自己的变化还有很多。"我的世界变得更宽广了。在学校学的太极拳是我闲暇时的爱好。另外，我也开始欣赏音乐，看电影时对配乐似乎能够体会得更深了。遇到问题时，学到的知识有时还是会忘，但我知道了寻求解决途径的渠道。"

不变的也有很多。李齐芳依然保留着计算机课程课件，依然会时常在网上学习老师的视频教程。她依然关注着邮政路上结识的亲人们。

现在的她，正在探索如何帮助乡亲们打开苹果、小米等农副产品的销路，出售到更远的地方。

李瑞瑞

成功源于27.5秒的专注

认真能把事情做对，用心能把事情做好。

李瑞瑞

1996 年生，山东德州人，德州恒丰纺织有限公司细纱车间值车工。曾获“全国优秀农民工”“山东省劳动模范”“齐鲁首席技师”等称号。中国劳动关系学院劳模学院 2019 级学生。

01

纱锭在她的巧手下旋转，金梭在她的操作下飞舞，凭着一股子初出茅庐的“韧劲”，她用严谨、执着编织着七彩人生……

2014 年，18 岁的李瑞瑞来到德州恒丰纺织有限公司，成为细纱车间的一名值车工。“飞速运转的设备、高分贝的噪声、湿热的环境”是细纱车间给她的第一印象。

看着飞速旋转的纱穗，李瑞瑞心里特别紧张。在困难面前她暗下决心，一定要做一名合格的值车工，并且要争当操作能手。

“接线头是最考验值车工的技术活儿，接头速度直接影响纱疵率。”她深深记下了师傅们常说的这句话。虚心学习，苦练技术，反复揣摩动作技巧，就这样，她仅用了半年就成为同批学员中的第一个种子队员。

2015 年，德州市举办首届细纱工操作大赛。比赛前，她争分夺秒一遍一遍地练习接头动作。细嫩的手指被纱线勒出一道道血口，又被飞旋的纱穗磨起了一个个血泡，她咬咬牙，继续练习。多少次别人下班回去休息，她依然坚持练习，回到家后继续学习理论知识，常常拿着笔就趴在桌上睡着了……

接头说难也不难，就是个熟练活儿。靠着勤学苦练，她以“27.5 秒接 10 个头”的成绩获得第一名，这比一级值车工接头速度快了 15.5 秒。速度每提高一秒，都要经过几千次练习和摸索总结，为此，李瑞瑞付出了太多努力。

02

生产纺织品正如生产一件艺术品，材料、技术与文化交会、穿插，繁衍、发展，需要艺术、技术的多重创新。

作为纺织行业的龙头民营企业，企业经常引进新的细纱机设备及纱线品种，操作方法与传统的工作法相差很远，出现了段入不良纱等一系列问题，达不到客户的要求。情急之下，李瑞瑞就日夜盯在车位上观察，反复推敲，总结形成了一整套比较完善的“段彩纱操作法”，稳定了产品质量，又为段彩项目的大量推广奠定了操作基础。

随着一批批新人陆续进入企业，李瑞瑞主动承担起“传、帮、带”的任务，不断将自己的技能绝活儿倾囊传授给新上岗的工人。

“工作中，她总是抢困难的活儿干，帮助职工攻克难关，不让身边一个姐妹掉队。”她的同事评价道。为了让新工人在最短时间内上手，她因材施教，最大限度地激发她们的学习兴趣、适应能力，并且每天列出学习计划，督促新工人锻炼与操作。

在她的努力下，新工人的试用期由原来的 3 个月缩短到 1 个半月，缓解了车间用工紧缺的问题，减少了因操作不良造成的纱疵。

李瑞瑞（左）将自己的技能传授给新上岗的工人

工作中的李瑞瑞

03

“大学是我生命中一座重要的里程碑。我是幸运者，也是受益者。从紧张忙碌的生产一线到缓和平静的大学校园，从细纱车间到安静的教室，我迈向了人生新起点。”

2016年，全国纺织技能大赛冠军获得者王晓菲老师（劳模学院2014级学生）领衔的国家级技能大师工作室落户德州恒丰纺织细纱车间。2019年，李瑞瑞循着师傅王晓菲的前进方向，走进梦寐以求的中国劳动关系学院劳模学院。

入校的时候，因为自己的文化水平较低，怕跟不上学业，原本不爱说话的李瑞瑞变得更加内向。为了帮助她树立信心，身边的老师和同学给了她很大的帮助：任命她为班级里的通讯员；让她课堂交流时多发言分享；陪她第一次走进人民大会堂；第一次参与体验式教学……

她开始慢慢融入这个特殊的班集体。劳模学院的学生从“60后”到“90后”，每个人的工作经历、生活习惯和性格爱好都不尽相同，但身上都有各自的闪光点。

“我们之间并没有‘代沟’，在一起就像一家人一样，谈学习的时候我们互相借鉴，聊家庭的时候我们也有极其相似的感受。就是在这样的氛围中，我内向、不爱交谈的性格开始转变。”李瑞瑞愉快地说。

更让李瑞瑞感到受益的是，她通过系统的学习，思维方式变得更加多元化。

在放假期间，她回到单位上班，用所学的知识，协助公司人力资源部门调研离职的车间员工，形成员工流失原因调研报告，提出了自己的独到见解，受到公司领导的认可。

“要有更大的眼界和格局！”这是她在大学学习期间的感悟，“人生也是如此，这样才能看到更大的世界。”

2020年12月，又有好消息传来：李瑞瑞被国务院农民工工作领导小组授予“全国优秀农民工”称号。她说：“不管我获得什么荣誉，我一定不忘初心，不会忘记培养我的平台和学校，我会将我所学，不遗余力地传授给姐妹们，以更好的方式让更多的员工技能得到有效提升，我会为企业的发展尽最大的力量！”

林峰

带领村民脱贫致富的“最美村官”

没有比人更高的山，没有比脚更长的路。乡村振兴是一条漫长而艰难的路，但再难的路，也要坚持。

林峰

1968 年生，河南沈丘人，中共党员，沈丘县北杨集镇林寨行政村党支部书记。曾获“全国劳动模范”“全国农村创新创业百名先进个人”“河南最美村官”“河南省优秀共产党员”等称号。中国劳动关系学院劳模学院 2019 级学生。

01

“土地流转，咱有钱赚；当上股东，年底分红。”在河南沈丘县林寨村里，流传着这样一句话。村子也因为在全省率先实施“土地股份合作制”闻名遐迩。

2011 年前，林寨村人多地少，经济落后，是河南省典型的贫困落后村。2011 年，正在县城经营私立医院的林峰当选为林寨村党支部书记。

“我当党支部书记，不图名不图利，就想给乡亲们办些事，带领大家过上好日子。”这既是林峰的郑重承诺，也是他的追求。

为了实现自己的承诺，林峰探索成立林家富种植专业合作社，通过举手表决、现场录像、按手印的程序，对全村 449 户 1316 亩土地进行整合，在全省率先实施土地股份合作制。接着，他又拿出 10 万元改造窝子林、边角地、贫瘠地，新增可耕作地 210 亩。投资 1000 万元，让现代农业项目落户林寨村。

如今，耕地成了大块儿地，更多的劳动力解放后外出务工挣钱。“土地流转，农民当上了股东，年底还可以分红。”这是林寨村土地股份合作的真实写照。2014 年，林寨村被省委省政府确定为河南省农村集体经济体制股份改革试点村。

02

把对父老的情和乡邻的意，深深地装在心里、融进土里。窝子林开出千亩方，贫瘠地打得高产粮。林峰率村民扬土地、保高效、奔小康，从此再无后顾之忧。他是村支书，也是村民“自家人”，是村民心中的“最美村官”。

在脱贫攻坚工作中，林峰带领村“两委”成员和驻村工作队，准确识别，因户施策，精准发力。对在家致富无门路的群众，一部分符合条件的可以到合作社上班挣工资吸纳入社分红；对 60 岁以上的老年人发放养老金。林峰带领团队连续 10 年举办“重阳节”敬老爱老活动。针对村内贫困户，林峰还带领“两委”班子，一对一帮扶。村里投资 80 万元建成村文化服务中心、留守儿童之家、村文化大院，成

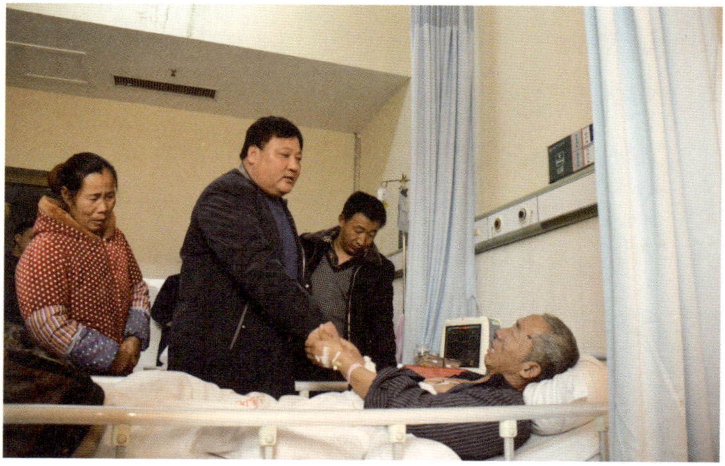

1/2

1 林峰（右）在研究脱贫工作

2 林峰（左二）为困难户捐款

立林寨艺术团，定期演出沙河大鼓、渔鼓，让优秀的非物质文化遗产所蕴含的优秀思想观念、人文精神，教化群众，纯化民风，凝聚人心。

在林峰的带领下，村里连年开展“十星级文明户”“脱贫致富能手”“好婆婆好媳妇”等群众性精神文明创建评选活动。几年来，林寨村的样貌变了，人心齐了，民风正了。林峰说：“在自家土地上，要写好一个‘实’字。”

03/

林峰默默奉献、带领全村人走共同脱贫致富之路，走出了一条适合自身特点的新路子。但如何带领村子实现高质量发展，林峰决定再出发，去大学校园深造，去接受新知识与新理念，争当一名“懂农业、爱农村、爱农民”的乡村振兴带头人。

人们常说，人到 40 不学艺。但林峰说：“爱农民，就得懂农业。现代农业涉及的领域宽、专业深，我得扎进知识的海洋里继续学习。”

2019 年，林峰来到中国劳动关系学院劳模学院，继续深造。他以高度饱满的热情、积极奋进的态度开始了大学校园的学习时光。对林峰来说，跟上课程的进度实属不易。为了解决这个问题，他课上认真听讲，课下就“泡”在图书馆里，查阅资料，认真记录。

林峰把“在校园里深造”比喻成一场接力赛。他认为接过学习的接力棒成了领跑者，在比赛中，可以跨栏，可以抢道，可以跳跃，但绝对不能在起跑线上等待老师牵着你跑。只有自主、自信地学习，才能取得好成绩。

功夫不负有心人。通过系统学习，林峰得以将自身的工作实践上升到理论高度。他明白了强化农村文化建设、提升村民精神风貌的重要性，从而建立起做大做强农业特色品牌的信心和想法，并掌握了借助网络平台对接大市场、发展“互联网 + 现代农业”的方法和策略。

“懂了农业，才能对农业有认同感，才能全力以赴助力乡村振兴。”林峰感慨道。

林玉镇

愿做一颗“铺路石”

虽然普通，但不满足眼前的平凡，事业上登高望远，永不停步。

林玉镇

1973 年生，福建莆田人，中共党员，全国二级注册建造师、高级工程师，晔晨集团（福建）有限公司党支部书记、企业技术负责人。曾获“福建省劳动模范”等称号。中国劳动关系学院劳模学院 2019 级学生。

01／ 林玉镇常说："做技术工作，眼界要放得高，心态必须放得低。"

从事建筑行业20余载，从一名朴实的山里农家子弟到公司技术负责人，林玉镇已经参与了上千个工程项目。

对每个项目，他都潜心钻研、精益求精。做质检员，他跟班作业，严格执行验收标准；做安全经理，他编订《施工现场安全防护安全标准图集》，严格执行图集中的安全防护规定；做项目经理，他落实责任、严格制度、强化管理，提高项目整体管理水平，逐步促进施工管理规范化。每一个新的岗位，他都能迅速进入状态，开始全新的学习、历练。

不畏困难、勇于担当的作风，使林玉镇所在的团队被业界称为"建筑铁军"，林玉镇也被称作"铁人"。

"技术创新需要集思广益，个人的力量终究有限，而劳模工作室就可发挥引领和示范带头作用。"

林玉镇（右二）深入施工一线，为现场施工人员答疑解惑

新冠肺炎疫情期间，林玉镇（右一）慰问村镇一线抗疫人员

林玉镇劳模工作室成立后，为企业人才孵化、科研创新和技术发展提供了源源不断的动力。每每下班后办公大楼安静了，劳模工作室却热火朝天，林玉镇带着林志向等创新能人，大家你一言我一语，讨论着工作中遇到的棘手问题，攻克了一道道难题。

在这样干事创业的氛围下，劳模精神薪火相传……

02

“社会给企业提供发展空间和机遇的同时，企业要担负起必要的社会责任。”林玉镇始终坚守着一个党员的社会责任，帮助群众，造福乡梓。

林玉镇用实际行动诠释着一位党支部书记、一位劳动模范的社会责任和担当。

从结对帮扶，到抗疫救灾；从关爱老人，到捐资助学；从个人小额捐赠，到组织捐款活动常态化，许多活动他都亲力亲为。近年来，公司及他个人先后捐赠的善款近 300 万元，帮助困难职工子女上大学累计 64 人次。在脱贫攻坚战中，他带领企业与 15 户贫困户结对帮扶，助力他们脱贫致富。

越是艰难险阻，越显担当作为。

面对突如其来的新冠肺炎疫情，林玉镇带领全体员工先后10多次向仙游县红十字会、鲤南镇镇政府、书峰乡兰石村、福州市光彩事业促进会、仙游县总医院等单位和群众捐钱捐物，累计达33万多元。疫情当前，他主动助力大学生就业，努力为他们创造更多的就业平台。

03／“儿子，希望你和老爸一起好好学习，一起为国家建设作贡献。”

2019年3月，林玉镇作为全市唯一一名省级劳动模范进入中国劳动关系学院劳模学院学习深造。在入学3个月后，林玉镇给在部队参军的儿子写了一封信：“我非常自豪在人生韶华，能够进入中国劳动关系学院学习深造。一粒种子，只有深深地植根于沃土，才能生机无限。儿子，希望你跟老爸一起好好学习，一起为国家建设作贡献，成为新时代的奋斗者！”

从步入大学校园的那一天起，林玉镇觉得自己走进了一个新的世界，“迟到20多年的大学梦实现了”。

劳动经济学、劳动法、工会法、人力资源管理、计算机应用、大学英语……每堂课，林玉镇总是坐在第一排。在这里他不仅掌握了社会保障、企业管理、法律、企业文化等领域的理论知识，还通过学校开设的“实践课堂”——定期组织劳模同学到实践基地、基层社区进行实地调查学习，不断拓展着视野。

林玉镇觉得，劳模班学习给他的人生画出了一条分水岭：“我不仅收获了知识，而且头脑里想的东西也不一样了。”他说，“学习就是为了更好的发展。未来几年，我将努力解决学习与工作之间的矛盾，把学来的新理念、新观点带回去，与企业实践相结合，站在新的起点上再出发，带领企业职工搞好项目建设，进一步扩大示范作用。”

刘敏捷

“甘薯大王”的兴农之路

我最大的愿望是带领更多的农民增收致富。

刘敏捷

1968 年生，江苏灌云人，中共党员，灌云县民发甘薯专业合作社理事长。全国首批科普惠农兴村带头人，曾获“全国劳动模范”“全国优秀农民工”等称号。中国劳动关系学院劳模学院 2019 级学生。

01

在灌云县这个地方，刘敏捷远近闻名。他是当地的"甘薯大王"，带领村民们通过科学种植甘薯脱掉了贫困的"帽子"，也让灌云县一跃成为全国知名的甘薯种植大县。

在灌云县西部地区，种甘薯是传统农业项目，但长期以来，一直存在品种老化、单一、产量低的问题。为了改变家乡贫困的面貌，2002 年，刘敏捷自筹资金请专家指导，开始投身苏北农村生产一线。得到技术支持的刘敏捷回到小伊乡，走上了科技兴农的道路。他把自己筹集来的新技术、新品种、新肥料无偿发放给周围农民使用，花大量时间去指导农户，让周围农民得到了实实在在的实惠。

为了更好地服务甘薯种植户，2011 年刘敏捷创建了"刘敏捷农民劳模创新工作室"，邀请国家现代甘薯技术体系岗位专家组成一支农民实用技术攻关队伍。在他和团队的帮助下，村民学会了科学种田，获得了增收。刘敏捷的心这才踏实了下来。

02

不忘初心，心系乡亲，他用实际行动践行着这份使命与担当。

刘敏捷积极响应党中央的号召，参与家乡脱贫攻坚战，用实际行动感恩社会、回报社会。刘敏捷在各村培养种植大户和建立示范点，带动周边农民科学种田致富。他从省农科院等科研单位采购新品种 10 万多株、专用肥 50000 多斤，免费支援给经济薄弱村的贫困户、低收入户。他还积极参加各地农业技术宣讲活动，在种植现场免费培训指导农民 600 多人次，助力他们脱贫致富。南于村农民谢常浪感慨万千："他帮助我种植甘薯和加工粉丝，一年收入好几万元。我原来住的是平房，现在搬进了新建的楼房，还开了超市，日子越过越好了。"南岗村农民吴巳通更是深有感触："敏捷当时建议我家繁育红薯种苗，我当年收入增加 2 万元。几年间，我盖起了楼房，生活美美的。"

1/2

1 刘敏捷（左一）带动周边农民科学种田

2 刘敏捷（中）送优质种苗下乡

03

"如今作为一名全国劳模能到劳模学院来学习，机会难得，我一定会多向身边劳模学习，拓宽视野和思维！"

用科技敲开农民致富大门的刘敏捷，不放过一切可以学习提升的机会。2019年3月，刘敏捷正式成为中国劳动关系学院劳模学院的一名学生，和来自全国各地的劳模同学一起学习。

他清楚地记得老师经常在课堂上说的一句话："助人者助己也。"刘敏捷深受启发。他在学校学习深造的同时，总是惦记着父老乡亲，心中一直怀揣着兴农梦。于是，他经常利用节假日的时间，夜间乘火车返回家乡指导各村农民科学种植方法和技术，有时指导种植户到下午六七点钟，为不耽误第二天的课程再连夜返回学校。"能带动周边更多农民共同增收致富，我觉得我收获了满足和快乐！"他说。

2020年春季新冠肺炎疫情来袭，学生不能如期返校学习，学校采取"上网课"的在线教学方式。刘敏捷有时下乡指导农情，有时在抗疫一线，但他始终不耽误在线学习，经常边网上上课、边下乡参加抗疫。他说："学习时间十分珍贵，来之不易，绝不能耽误一秒。"

刘敏捷说："如今作为一名全国劳模能到劳模学院来学习，机会难得，一定会多向身边劳模学习，多在实践中历练，虚心请教老师，努力扩大知识面，拓宽视野和思维。"

刘艳林

辖区群众的“贴心人”

警察的职责就是保护人民群众的生命财产安全。当人民群众的利益受到不法侵害时，我们应该挺身而出，责无旁贷，这是我们的职责，更是我们光荣的使命。

刘艳林

1971 年生，内蒙古赤峰人，内蒙古巴林左旗查干哈达苏木派出所副所长。曾获“全国公安系统二级英雄模范”“全国先进工作者”“全国优秀人民警察”等称号。中国劳动关系学院劳模学院 2019 级学生。

01 他用双脚，走出了社区“活地图”。

从当社区民警的那天开始，刘艳林一年中有 260 多天在社区居民家中走访。有时，为了核实一个家庭的情况，他要往返好几次。他把这些来之不易的数据保留下来，手绘成一张张“警务地图”。

在他的笔记本上，社区居民的姓名、地址等被一一标记。这一张张“警务地图”后来就深深地刻在了他的脑海里。谁家住在几单元、有几口人、家庭成员有谁，他都了如指掌。

有一次，左旗刑侦大队在查办一起案件时，发现嫌疑人斯某某已流窜至北塔社区。在有着 1.1 万余人口的社区里寻找一个人，犹如大海捞针，办案一度停滞。

最后他们寻求刘艳林帮助。刘艳林在海量的电脑资料中简单搜索后，嫌疑人的租住地址、手机号、身份证号等相关信息便一一呈现，甚至嫌疑人租住房屋的大门

刘艳林（右）用双脚，走出了社区“活地图”

刘艳林（右三）用贴心服务，拉近了与社区群众的距离

朝向都标得清清楚楚。警方按他提供的信息，当天就顺利将嫌疑人抓获。

刘艳林充分发挥社区警务室联系群众、服务群众的纽带作用，把社区警务室当成社区工作的“落脚点”，把社区警务工作干得有声有色。他靠双脚走出了北塔社区的“活地图”，成为最出色的社区“万事通”。

02 小事成就大爱，他是潜心群众工作的“知心大哥”。

刘艳林把服务社区百姓的小事当作天大的事，无怨无悔。

辖区内 70 多岁的居民鲍秀英，与生活不能自理的孩子一起生活。刘艳林在走访中获知情况后，主动承担起了照顾老人的义务，这一照顾就是 10 多年。老人家屋子漏了，他找人修理；墙壁黑了，他买涂料帮忙粉刷；冬天下雪，他清扫院子，修补窗户；老人病了，他请医买药；过年了，他送来粮油米面……他的真心感动了老人，曾经孤寂冷清的院子重新响起了欢笑声。

像这样的事情有很多。在他服务过的辖区内，很多老人曾将自己的存折或积蓄交给他保管，有的老人甚至把家里的钥匙都交给他一把。

刘艳林用爱赢得了社区居民的信任，用贴心服务拉近了与社区群众的距离，让警民鱼水情更深。

03／ 仰望星空，他是校园里的“民警大学生”。

明天的路，就在脚下；未来的路，还在延伸。耕耘、收获、启程，刘艳林再一次将目光投向了远方。

刘艳林如愿来到劳模学院。这对于从事多年警务基层工作的他来说，是一次新的启程。重新回归课堂听课，使他心生美好。

最初，刘艳林不太适应校园环境。由于在家乡做基层工作一直说蒙语，很少说普通话，他在语言沟通上出现了困难。来到校园后，全国各行各业的劳模会集在一起，大家都在讲普通话。为了便于和大家交流沟通，他开始多听、多问、多说。

经过一个学期的适应，他的普通话流畅了，也更愿意和劳模同学交流了。

说起大学的课程，刘艳林印象最深的是老师在《大学语文》里讲到的《论语》和《道德经》。老师常常让他们背诵，这对于他来说，是一种挑战，更是一种鞭策。

刘艳林一直记得老师对他们的寄语：“善心、爱心、勇于自省，是一个人最宝贵的品格，它比汲取知识、技能，还要重要得多”；“每一个人，不论身处何地，不论高低贵贱，都是天地间的唯一，我们有足够的理由相信自己”。

他觉得，身为社区民警，心中更要有大爱情怀，这样老百姓才会认可。

远方，云蒸霞蔚，一轮朝阳正在冉冉升起。能做群众信赖的人民警察，刘艳林感到很幸福。

王成奎

悠悠公路情

不经历风雨，是看不见彩虹的！

王成奎

1975 年生，四川广安人，中共党员，西藏山南市长盛路桥公司工程部技术员。曾获“全国劳动模范”“西藏自治区劳动模范”等称号。中国劳动关系学院劳模学院 2019 级学生。

01

“三百六十行，行行出状元。只要自己认真干，就一定能干出名堂来。”

1998 年，王成奎被分配到川藏公路（墨竹工卡段）路基工程从事施工技术工作。作为一名交通企业退休工人的子弟，他对公路怀有一种特殊的感情。但对于一个外行，施工技术的专业难度很大。于是，他告诉自己：“三百六十行，行行出状元。只要自己认真干，就一定能干出名堂来。”

王成奎经常向工地上的工程师借阅路桥建筑的专业书籍，看到不懂的地方就做记号，然后虚心请教。功夫不负有心人，他顺利通过公路桥梁建造师统一考试，获得了梦寐以求的二级建造师执业资格证书。王成奎由一名学徒逐渐成长为掌握公路施工知识的技术骨干。

晴天一身灰，雨天一身泥。王成奎起早摸黑，抓住点滴时间进行公路测量、内业整理、工程施工，在野外现场经常一待就是一天。

2003 年，由于工作需要，单位将圣湖公路延伸段第二标段的施工建设任务交给王成奎。该路段海拔高、气候恶劣、施工难度大。但王成奎在接到通知后的第二天，就踏上了征程。

工地所在的地区海拔 5100 米，空气含氧量不到平原的一半。虽已到 5 月，但天气异常寒冷，呼啸的寒风吹在脸上犹如刀割。为尽快施工，王成奎克服强烈的高原反应，带领技术人员，日夜奋战在第一线。

他的无私奉献，影响了全体职工，赢得了大家的拥护和信任。

02

路漫漫其修远兮，吾将上下而求索。

2019 年 3 月，王成奎成为一名光荣的劳模学院大学生。在大学里，来自全国各地各个行业的精英会聚一堂，共同组建了劳模大家庭。大家互相帮助，互敬互爱。

1/2

1 王成奎在施工现场作业检查质量

2 王成奎复核施工图纸

王成奎深得同学们的信任，顺利当选 2019 级劳模党支部组织委员。他的工作细致入微，每次支部活动结束后，都及时进行梳理总结，然后工工整整地记录在党支部活动手册上，成为劳模党支部开展活动的学习典范。通过参观考察、座谈交流、现场教学等多种形式，他不仅学到了知识，更开阔了眼界。

微微星光，聚在一起，便呈燎原之势。

王成奎深深体会到，发挥好劳模党支部的先锋作用，大家的凝聚力更强了。这种力量，激励着大家在校园里共同学习、成长、进步。

“我做的一切都是一名普通的劳动者应该做的。所以，不负使命，不负时代。”王成奎感慨道，“劳模是新时代的领跑者。我将继续发扬和继承两路精神、老西藏精神、劳模精神，继续奋斗，做服务社会的先锋！”

余春枝

回归田园梦 愿做新农人

快乐的源泉来自辛勤的劳动，来自对美好目标的执着追求，来自对别人的帮助和照顾。有一分热，发一分光，做一份事，留给世界一份温暖。

余春枝

1973 年生，安徽宿松人，宿松新神农油茶种植专业合作社（省示范社）理事长、安徽滋申生态农林综合开发有限公司（省龙头企业）总经理、“全国巾帼脱贫示范基地”负责人。曾获“安徽省劳动模范”“安徽省三八红旗手”等称号。中国劳动关系学院劳模学院 2019 级学生。

01 回归田园，回归的也是一颗初心……

余春枝本是一位普通的农家妇女。回乡创业前，她和丈夫在福建石狮从事服装加工，这一做就是 18 年。因为看中油茶产业是绿色生态产业，市场前景好，她毅然放弃在外优越的务工条件，返乡承包荒山。几经周折，2010 年 4 月，她拿下了横山村 273 亩林场的承包经营权。2014 年，第一批油茶开始挂果。其后，她的油茶产业越做越大，发展到油茶林 5000 亩、优质种苗育苗圃 80 亩，实现种苗培育、油茶栽培、林下种养、茶油加工、电商销售一条龙。

由于油茶短期内不能产生经济效益，为解决发展资金不足的难题，余春枝在培育绿化苗上想起了点子。通过在油茶林间套种香樟、桂花、紫薇等各色苗木，以绿化苗养活油茶，昔日沉寂的荒山原野变成了绿色的海洋。她还积极发展林下绿色循环经济，养鸡、养鸭、养羊、养鸽子。在余春枝的不懈努力下，2019 年 9 月，油茶基地成功创建为全国巾帼创业示范基地，她本人也被评为安徽省劳动模范。

02 “我要守护好横山这片绿水青山，成为一名带领乡亲们共同奔富的新农人！”

余春枝是一位有责任感、有担当的女性。创业成功的余春枝没有忘记那些还有困难的人。每年，她都会无偿提供数万株油茶苗，发放给基地周边贫困户种植。2019 年春节，余春枝一次性捐献优质油茶苗 2 万株，帮助宿松县北浴乡迎宾村发展产业，并签订合同，承诺溢价收购油茶果。她一直关注弱势群体，给他们提供力所能及的帮助，发挥着巾帼示范引领作用。几年来，余春枝多次给生活困难的老人送去米、油等生活物资。2019 年，她还资助了 4 名贫困学生，并表示会一直资助到他们大学毕业。受资助的学生余展智在写给余春枝的感谢信中说：“我会时刻怀着一颗感恩的心，刻苦学习，将来也会像您一样回馈社会，将这份爱心传递下去。”

在脱贫攻坚行动中，她通过土地流转、吸纳务工、参股合作等途径带动数百户

1/2

1　余春枝（右二）在田间地头辛勤劳作

2　余春枝（中）带领农户脱贫致富

农户。为 197 户贫困户代种油茶 197 亩；吸纳贫困户小额信贷 12 户，共支付红利 10.8 万元；建设“阳光助残扶贫基地”，带动贫困户 9 户；无偿援助贫困户优质油茶苗 4 万株，并免费提供技术指导、保价收购油茶子。累计带动农户 402 户，其中贫困户 200 多户，户均年增收 3600 元，受到政府部门和农户的一致好评。

03/ 学习是打开新世界的门。人活一天，就要学习一天，活到老，学到老。

余春枝非常注重学习提升，先后参加种植业、养殖业、现代青年农场主等培训，并顺利取得培训合格证、高级技能职业资格证、农产品经纪人证书、新型职业农民培训结业证等。

2019 年有幸进入中国劳动关系学院劳模学院深造，余春枝选择了学习社会工作专业。在校期间经过系统学习，她开始深入思考和分析劳动力市场和社会活动中的一些规律和现象。她回想自己的工作经历，无不蕴含着社会工作的知识和原理。“当年我做缝纫工，是服装厂最底层的工人，老板没有订单，每天就发一点生活费；老板来了订单，晚上做到凌晨 2 点。当时的我只会缝纫，不知道‘劳动力市场’这个概念，也不了解‘阶层和阶层流动’这个理念。进入大学系统的学习让我重新回顾和思考这些问题，明白了其中折射出的社会学原理，对事物的认识更加深刻。”

在学校学习的过程中，余春枝对“生命有限，知识无涯”有了新的感悟，只有以“只争朝夕”的精神去对待学习，人生之路才能走得更远更长。

张国利

让人生在客运线上闪光

当上驾驶员只是职业生涯的第一步，要想成为合格、优秀的驾驶员，就必须做到干一行、爱一行，努力在服务乘客上下功夫，而且要坚持下来。

张国利

1974 年生，河南武陟人，中共党员，河南省新乡市新运交通运输有限公司客车驾驶员。荣获“全国劳动模范”“河南省技术能手”等称号，其劳模创新工作室被评为全国工人先锋号。中国劳动关系学院劳模学院 2019 级学生。

01

他的心中总是充满了对客运深厚的感情，他的车厢里总是装载着浓浓的情谊。

张国利中专毕业以后就从父亲手中接过了驾驶客车的方向盘。父亲是他最敬佩的教练员。秉承父亲的嘱托，肯干、吃苦耐劳是他一贯坚持的作风。每逢节假日，遇到客流高峰，他放弃单位安排的调休，主动请缨，坚持在运输生产第一线。在线路服务中，他总是想乘客所想、急乘客所急。他的心中总是充满了浓浓的雷锋式感情，他的车厢里总是装载着浓浓的情谊。经常乘车的一名旅客对他作出了这样的评价：“国利出车 300 里，好事做了一整车。”

张国利把朝夕相伴的大巴当成自己的伙伴爱护有加。他把乘客的安全放在首位，让乘客安全舒适地享受旅程是他对自己的基本要求。数年来，张国利严格自律，安全重于一切根植于心。他行车 200 多万公里，从未发生过一起责任事故。他的车几乎成了舒适、安全的代名词。

02

“共产党员、劳动模范就是一面旗帜，要带头干好本职工作，处处当好表率。”

曾有人劝他：“凭人缘、能力、技术，随便在哪儿干，每月挣个万八千不成问题，非受单位约束干啥？”张国利却不这么想。他始终都觉得离不开这个岗位，这份工作需要他。他将安全、诚信、优质的服务在旅途播撒，把普通工作细致周到地做到尽善尽美。由于工作忙，照顾家庭的重担几乎都落在爱人身上。家人和爱人为整个家庭默默地付出着，也分享着张国利的成绩，感动着他的骄傲，感受着生活的甜美。

张国利常常挤出业余时间，与同事们一起交流节油、服务、安全驾驶等经验。他委托安全技术部门将这些经验整理成册，分发到各班组同事手中交流学习，并提出有价值的意见和建议。作为年轻师傅，张国利在培养徒弟、传授技能方面更是做

1
2

1　张国利（右）站内工作照

2　张国利（前）参加维护交通志愿者服务活动

出了不懈努力，带出了一支业务素质优、综合技能强的优秀驾驶员队伍。在他的努力下，全公司车辆机件平均使用寿命延长，燃油消耗与事故经济损失大幅度降低，每月为企业节省费用达数万元。“共产党员、劳动模范就是一面旗帜，要带头干好实际工作，处处当好表率。”他是这样说的，更是这样做的。

03 “劳模意味着责任和希望，就像一束光，能照亮前行的路，温暖而坚定。”

“他是一名淳朴的好职工，一个对同事热心、让旅客放心的好驾驶员，更是一名劳模学院的优秀学生干部。”熟悉张国利的老师和同学都对他赞誉有加。在校脱产学习的 2 年期间，他放下荣誉和光环，潜心学习，关心集体，连续 2 年被评为“优秀班干部”，还担任学校劳模宣讲团宣讲员，多次走进社区、校园宣传劳模精神。

“宣讲对我个人的触动很多，我觉得劳模意味着责任和希望，就像一束光，能照亮前行的路，温暖而坚定。”学校的学习，让张国利收获了知识、力量、友谊。知识，来自老师的认真传授和不同行业劳模们的交流探讨；力量，来自老师的敬业精神和同学们的感人事迹；友谊，来自大家相遇在劳模学院这样一个广阔平台，建立起的深厚情谊。他常说：“感谢党和国家的关怀，让我能够重新走进校园，圆了自己的大学梦。”经过校园的再度深造，他更坚定了自己终生的奋斗目标，就是回报社会、服务社会。

没有惊天动地的丰功伟绩，有的是安全行车 200 多万公里无事故的纪录；没有慷慨激昂的豪言壮语，有的是风雨无阻 20 多年如一日的真诚奉献。张国利把青春奉献给挚爱的客运事业，用一颗奉献的心回馈社会，让人生在这 13 米车厢中继续发光……

张伟

铁路机车的“护航人”

我们能走多久，靠的不是双脚，而是志向。

我们能登多高，靠的不是身躯，而是意志。

我们能做什么，靠的不是双手，而是智慧。

我们能看多远，靠的不是双眼，而是胸怀。

张伟

1980 年生，天津人，中共党员，中国铁路北京局集团公司天津机务段业务指导。曾获“全国劳动模范”“全国技术能手”“全国五一劳动奖章”等称号和荣誉。中国劳动关系学院劳模学院 2019 级学生。

01

“必须努力学习，迎头赶上，不能掉链子。”生性爱拼的张伟，有股不服输的韧劲儿。

2000 年 8 月，张伟中专毕业，被分配到天津机务段工作。开始并非一帆风顺，从未接触过内燃机车的他处处碰壁，但困难并未难住他，除了吃饭、睡觉，他把全部的时间都投入学习中。

十年磨一剑，在 2010 年北京铁路局举办的机车比武中，张伟夺得全局机车电工组第一名的好成绩，被路局授予“技术能手”称号，并被评选为“路局首席技师”。2014 年 10 月，张伟代表北京局集团公司参加“全国第四届铁道行业职业技能大赛”。比赛准备期间，他白天练习焊制电路板、检查机车，晚上做题、背诵理论知识，每天学习超过 16 个小时。终于，他的努力得到了回报，在全国大赛上，取得了第三名的好成绩。

张伟对 DF8B 微机电路板进行检测

02

“业精于勤，不管是技术革新还是技术创新，只有平时勤学苦练，做到干一行、爱一行、精一行，才能成为行家里手。”

工作中，张伟热衷于运用技术创新解决难题。针对 HXD2B 型机车电暖器电机故障频发的“顽疾”，他通过对故障电暖器“解剖”检查，发现故障电机定转子上吸附有大量污尘，影响电机转动。他使用防火材料制作出电机定转子防尘罩，根除了“顽疾”，该项目荣获“全国铁路青年科技创新奖”。他还总结提炼出无级调速驱动器“洗、烘、观、闻、摸、测、验”检测维修“七字工作法”，并对“JKG 干燥器控制盒试验台”进行改造，极大地提高了机车检修作业效率，杜绝了安全隐患。

张伟还有一手绝活儿——技术创新，让同事们心悦诚服。2015 年初，天津机务段工会以张伟名字命名的创新工作室成立。几年来，张伟带领工作室主持 60 多项技术创新项目，累计为单位节约成本 1000 多万元。他技术创新攻克难题的事迹被新华社、《光明日报》、《人民铁道》报以及天津电视台等多家媒体报道。

张伟对无弧电磁接触器进行检查

03/ 学习是不断成长、实现蜕变的“秘密武器”，是托起事业、成就梦想的“奠基石”。

2019 年 3 月，张伟正式被中国劳动关系学院录取，成为劳模学院的一员。这个好消息让他激动万分。他不但实现了自己的梦想，也了却了去世母亲多年的夙愿。工作了这么多年重返校园，张伟认为这是人生历程中一段非常难忘的印记。

在学校，张伟担任学习委员一职。他每天坚持早晚两次用微信提醒大家当日的课程和教室安排，详细标注需要带的学习用品和注意事项。开学时他总是第一个到学校，提前领好学习用品，分好后放到每个同学的宿舍；放假时他又是最后离开，帮助远路的同学打点好行李，并护送到车站……这一坚持就是 2 年。同学们表示，“如果每天看不到张伟的微信提示就不踏实、睡不着觉”，并亲切地称呼他为“老干部”。张伟说：“从大家身上深切感受到了劳动模范的优秀品质，也认识到了自己的不足，这成为我在学校更加努力学习、努力为大家服务的动力源泉。”

2019 年，中国劳动关系学院成立劳模宣讲团。作为学校劳动教育的延伸，宣讲团在弘扬劳模精神、劳动精神、工匠精神方面，在广泛凝聚人民精神力量方面发挥了重要作用。张伟作为首批宣讲团的成员，率先到中车青岛四方公司开展宣讲活动，用自己的成长经历和奋斗故事鼓励和激发职工的劳动热情和创造潜能，为中国铁路事业增光添彩。在宣讲活动中，他自己对劳模精神、劳动精神、工匠精神的内涵领悟得也更加深刻。

中国铁路事业飞速发展，作为一名铁路人，张伟对工作的感情也越来越深。“每一个零件、每一台机车都是一个生命，带着责任检修，交付出去后恋恋不舍又满怀希望。”如今祖国的铁路网络四通八达，设备的技术含量也越来越高，对操作的标准和要求越来越严格，张伟也鞭策自己不断学习新知识、掌握新技术，紧紧追赶着“中国速度”。

安钟岩

以赤子之心
书写家国情怀

奋斗者永不停息！让友爱之光驱散孤独的黑暗，燃生命之烛，照亮团结奋进的希望！

安钟岩

1959 年生，北京人，北京丰顺工贸集团董事长，中国女企业家协会副会长，北京市女企业家协会会长。曾获“全国五一劳动奖章”“全国三八红旗手”“全国脱贫攻坚先进个人”“全国巾帼建功标兵”等荣誉和称号。中国劳动关系学院劳模学院 2020 级学生。

01

“是劳模精神引领我走上了创业之路。”岁月如梭，从普通人到企业家再到慈善家，不变的是她的执着与坚持。

1993年，安钟岩创办了“北京丰顺驾驶员培训学校”。然而，开驾校并没有那么简单，吃、拿、卡、要一直是制约驾校良性发展的难题。安钟岩暗下决心：“风清气正的氛围是我们必须要保障的，不然驾校难以立足！”于是，她首创了“双向举报制”“餐厅翻牌制”等独特的管理模式。凭借对教练队伍的严格要求和人性化的福利待遇，丰顺驾校很快脱颖而出，成为北京市的“明星驾校”。

敢想敢做的性格，促使安钟岩陆续创办了丰意德家具有限公司等企业，都取得了很好的经济和社会效益。

“在别人困难的时候伸一把手，不仅仅是拯救一个人或者一个群体，更带来了精神上的希望。”作为北京女企业家协会的会长，安钟岩成为做公益和慈善的领头人。她为多个贫困地区的学校捐书桌、课本，为失学儿童捐款，为烈士子女发放助

安钟岩（中）为内蒙古乌兰察布的残疾人家园捐赠一辆中巴汽车

学金，去敬老院献爱心，关怀残障人士……

像寒冬里的一抹暖阳，她帮助过很多人。

她就像她微信上的名字“Angel”（天使）一样，点燃希望之光，照亮通往前方的路，让黑暗拥有方向。

02

“对于我来说，学习是一种长期形成的习惯，学习还来自一种自我驱动。世界的精彩来自其变幻多姿，学习是欣赏世界的最好方式。一个人既要保持本色，也要在未来找到属于自己的特定角色”。

在安钟岩的人生道路上，她始终热爱读书、热爱学习。进入中国劳动关系学院劳模学院后，安钟岩格外珍惜机会。她对每门课程都充满期待和热情，把课程课件全部打印出来装订成册，课后反复钻研，遇有难点重点，就虚心向老师、同学求教。

安钟岩（右二）在新冠肺炎疫情期间，两次为劳模学院的安全复课捐赠防疫物资

"我们劳模学院有着浓厚的学习氛围，在这里我被深深感染着。"

认识的升华必然带来实践上的飞跃。课下，安钟岩结合自己的实际情况，有针对性地钻研劳动法、劳动关系等领域的专业知识，撰写了和谐劳动关系构建的相关论文。同时，她运用专业知识有力指导了工作实践，在组织北京市女企业家投身疫情阻击战、扶贫攻坚、保证企业顺利复工复产过程中成效显著，极大促进了企业和谐劳动关系的进一步提升。

2020 年 6 月，安钟岩专程来到学校，为返校毕业生捐赠口罩等防护物资。在积极援助首都和武汉的抗疫工作之余，她还积极呼吁北京市女企业家协会的成员加入这场"战疫"中。企业家的责任与情怀，通过不同的方式谱写了抗击疫情的最美篇章！

03/ "要做一辈子的好人。"安钟岩一直这样践行，助力脱贫攻坚，胸怀苍生，大爱无疆。

扶贫助困，安钟岩一直在路上。

她曾数次赴新疆和田、西藏拉萨、青海玉树、内蒙古林西、河北涞源等地，与当地企业结对子，帮助他们打开产品销路；为当地老乡送温暖捐款……通过精准扶贫帮他们过上好日子。

雪域高原、荒漠沙丘、高山丛林都留下了她的身影，她参与扶贫的 20 余个县、乡、村已全部脱贫。

2021 年 3 月，安钟岩被评为"全国脱贫攻坚先进个人"，并作为优秀代表光荣地出席了全国脱贫攻坚表彰大会，这恰巧是她进入大学校园一年之后。

与来自祖国四面八方的劳模优秀代表深入交流，她更加深刻理解了劳模精神的内涵。安钟岩获奖后，平静地说："奋斗的征程没有尽头，我们为国家、为社会而努力工作的步伐也没有终点。让更多人奔向更加美好的生活，是我们企业家义不容辞的社会责任。"

陈程丽

十年磨一剑

生活好比一场旅行，理想是旅行的方向，失去了方向，就只能停止前进。心怀理想，为之奋斗，方能远行。

陈程丽

1989 年生，山西晋城人，中共党员，山西皇城相府文化旅游公司相府景区管理区副总经理。曾获“全国五一劳动奖章”“全国巾帼建功标兵”“山西省劳动模范”“山西省三八红旗手”等荣誉和称号。中国劳动关系学院劳模学院 2020 级学生。

01

在国家5A级景区“皇城相府”，讲解员陈程丽为游客讲解一次，需要近3个小时，衣服被汗水浸透已是常态。她用近乎沙哑的嗓音笑着说道：“我已经习惯了。”

“河之东，山之西，长城长又长，人说山西好风光。”2008年，陈程丽大学毕业后，来到皇城相府景区成了一名普通的导游。

“其实，我做导游的先天条件并不好，开始的时候讲不好普通话，也没学过旅游专业，考导游证全靠自学。”陈程丽坦白地说道。每次讲解结束，陈程丽都会把游客的问题记录下来，上网查材料、看视频，反复揣摩讲解词，经常熬夜到凌晨。陈程丽至今还记得有几位亲友打趣过她说：“干个导游用得着这么拼吗？这么敬业，像考大学似的。”每次，她都微微一笑不回应。她心里知道，自己必须要下苦功夫钻研，来弥补先天不足。

久而久之，这种不断学习钻研的劲头，成了陈程丽的职业习惯。她制订了长期且详细的学习计划，经常带着问题走出去，积极参加各种培训活动，向业界专家取经，向行业前辈求教，光是学习笔记和外出心得记录就有厚厚的十几本。

02

“作为一名导游，我不仅仅要讲好中国故事，更应成为文明旅游的倡导者、历史文化的传播者。”

长期解说一套词，难免会产生职业倦怠感。陈程丽在讲解时会因人而异，不断创新：对普通老百姓，她尽可能减少专业词汇的使用，尽量用唠家常的方式去讲解，增加趣味性；对于学者型游客，她则注重景区的历史知识、考古价值等方面的讲解。游客们纷纷夸赞：“解说得很细致，很不错，让我们短时间就能了解皇城相府的悠久历史。”

让旅游成为人们感悟中华文化、增强文化自信的载体，是陈程丽的工作信念，她用这样的信念去践行。同时，在她的带动下，景区也培养了一大批高素质的导

1/2

1　陈程丽（右一）在接待游客

2　陈程丽（右二）与劳模同学在一起

游，通过他们为五湖四海的游客讲述荡气回肠的山西故事。

陈程丽积极带领团队进行志愿服务，助力公益事业。在大山深处的留守儿童村，在脑瘫患儿服务点，在孤寡老人的家中，都常常会看到她的身影……

03

现在，陈程丽已经是两个孩子的妈妈，她说一定要重新扬帆起航，也是为孩子做好榜样。

进入中国劳动关系学院劳模学院，对陈程丽来说，是人生中一次新的起航。当拿到录取通知书的那一刻，她激动得流下了泪水。她和女儿一起打开了通知书，还约定要共同努力学习。

来到学校，她一边加强学习，弥补自身的不足，一边和身边的优秀同学积极交流。每一位劳模同学的背后，都有一部奋斗史，她每每听来都津津有味，深受感动与启发。由于新冠肺炎疫情的影响，虽然在校时间短暂，但她与大家结下了深深的情谊。

对于陈程丽来说，她学习到的不仅仅是课堂上老师教授的知识，还有劳模同学们身上生动、真实、积极的精神。陈程丽特别佩服和她同在一个宿舍的劳模安钟岩，第一次见到安大姐就被她的随和、亲切所感染：“在学习过程中，安大姐不管多么忙碌，都会坚持来上课，并且认真做好每一节课的课堂笔记，我被她那种坚韧的精神深深地影响。还有塔娜、杨波、黄久生……”说起她的劳模同学们，陈程丽总是滔滔不绝。

每一次的前进，都能在沿途中遇见更美好的自己。陈程丽说，自己还有一个梦想，就是传承和发展地方旅游文化。她觉得这是每一位一线导游的责任和义务，她将尽全力做好。

次仁珠加

高原上的光明

有一种精神，看似平凡渺小，却能成就不平凡的业绩，它叫作“那曲精神”。有一种精神，看似豪情万丈，却最真诚，它是“艰苦不怕吃苦、缺氧不缺精神”。

次仁珠加

1984 年生，西藏那曲人，国网西藏电力有限公司那曲供电公司安监部主任。曾获“西藏自治区劳动模范”等称号。中国劳动关系学院劳模学院 2020 级学生。

01／ 他是高原上阳光乐观的“牧民孩子”。

西藏当地流行一个说法：“远如阿里，苦如那曲。”那曲地区平均海拔在 4500 米以上，“高寒缺氧、气候干燥”是这里的典型特征。

次仁珠加生长在那曲地区一个牧民家庭里，从 6 岁起就开始放羊放牛，帮家里分担农活儿。小时候家里生活艰苦，但是他的妈妈总是微笑面对生活。妈妈的乐观向上、善解人意，深深地影响了次仁珠加。他懂得了感恩，学会了乐观生活、热爱生活。

次仁珠加 14 岁的时候，选择了去部队当兵，报效祖国。瘦小的次仁珠加坚持完成部队每天的高强度训练，坚持“流血流汗不流泪，掉皮掉肉不掉队”，领悟出了“当兵要有力量，更要有知识”的意义。功夫不负有心人，在部队的次仁珠加荣立了“三等功”，并获得“优秀士兵”等称号。

从部队退役后，他又开始了新的学习和深造。2008 年，次仁珠加迎来了自己的第一份工作，主要从事装表接电、高低压电抢修及部门安全生产管理。他非常珍惜这份工作，立志要一直坚持干下去。

02／ “艰苦不怕吃苦、缺氧不缺精神。”“那曲精神”被赋予了更多的时代内涵和元素。

次仁珠加始终如一，带着高度的责任感和使命感，扎根基层，从一名临时工逐渐成长为电力行业的行家里手，成为具有“那曲精神”的“巴青电工”。

风雨之后才能见彩虹。

以前全县一直靠风力发电和太阳能供电，供电量不稳定，导致大功率家电经常无法正常使用。国家电网再电气化后，次仁珠加带领团队，为无数的牧民送去了光明，带来了希望，更让无数人看到了“那曲精神”。县里的乡亲们高兴地说：“现在手机可以随时充电了，还可以用电压力锅，既能煮肉，又能煮米饭。”

在西藏那曲扎色镇小学，次仁珠加（左一）和同事们一起解决乡镇用电难题

吃水不忘挖井人。次仁珠加认为，自己现在所取得的成绩和事业的成功，与党和政府的关怀和大力支持是分不开的。为了服务社会，在 2020 年新冠肺炎疫情期间，次仁珠加全家积极参加了微信公益活动和政府组织的为武汉捐赠资金活动，用实际行动回报社会。

03 他是勇敢追梦的“那曲青年”。

2020 年，次仁珠加实现了自己梦寐以求的大学梦，光荣成为中国劳动关系学院劳模学院的一名学生。

学习，对次仁珠加来说是一次新的挑战。“从一线工人变成学生，确实有要克服的困难。原来我工作一天都是站着的，从来不坐凳子，现在要在教室里一坐一整天，开始时觉得煎熬、不适应。”这是他最初遇到的难题。

次仁珠加没有气馁过，因为他深知学习机会的宝贵。他求知若渴，认真好学的精神比一般本科生更强。上英语课对他来说是很大的困难，因为他连 26 个英文字母都念不全。他就把单词一点点标清楚读音，然后大声朗读。为此，他还准备了一个“单词备忘册”，把难读的、不熟练的单词都一一记录下来。吃饭时，坐公交车

次仁珠加（右三）与社会工作专业劳模同学、老师合影

时，甚至睡觉前，他都会翻阅一下，再熟读几遍。就这样，英语的难关逐渐被他攻克下来。

他和来自全国各地的劳模同学一同交流、一同探讨，深深感受到校园的温暖。“到这里之后，碰到的老师和劳模同学都特别好，让我很快就适应了北京的生活。”次仁珠加操着一口藏族味儿的普通话说道。不过，这磕磕绊绊的口音却丝毫挡不住他急于表达的语速：“我还和同学们去了天安门广场，看了鸟巢。实践和学习为我打开了一扇窗。”在偌大的平台上，次仁珠加不断改变着自己。

2020 年国庆节期间，次仁珠加的身体出现了“醉氧”反应。在老师和同学们的关心帮助下，他积极治疗。为了更好地完成学业，次仁珠加选择了回家乡，继续在线上自学。

“虽然暂时离开了校园，但我一直想念学校的一草一木。”这是次仁珠加心里最真实的声音。劳模学院的老师和同学们也都很牵挂这位淳朴善良的那曲小伙儿。大家虽隔山海，却亲如家人。

刘仙会

巾帼不让须眉

世上之事就怕“认真”二字，精准扶贫与别的事一样，只要认真了，就没有过不去的坎。

刘仙会

1981 年生，陕西咸阳人，武功县后稷新田园蔬菜专业合作社理事长，陕西东会新田园农业有限公司董事长兼总经理。曾获“全国劳动模范”“陕西省三八红旗手”“陕西省脱贫攻坚奋进奖”等称号和荣誉。中国劳动关系学院劳模学院 2020 级学生。

01/ “长大一定要好好作为，早日回报家乡父老的养育之恩。”这是刘仙会儿时许下的诺言。

2000 年，刘仙会高中毕业后，只身前往西安打拼。刘仙会经过多年的顽强拼搏和坚持不懈的努力，增长了见识，开阔了视野，激发了潜能。来到西安后，刘仙会在西安回坊美食街经营着一家小小的粮油商铺，专门为附近的饭馆供应粮油蔬菜等。为了节省开支，店里每天成百上千斤货物的装卸和配送业务，全靠她一个人去承担。

整整 13 年时间，刘仙会都是在搬运货物中度过的。她每天骑着承载着全家生活希望的人力三轮车在大街小巷来回穿梭，饿了就啃个馒头，渴了就喝些自带的开水，硬是凭着自己坚忍不拔的毅力，将粮油店配送生意越做越大。她供货的客户从开始的临街小店发展到五星级大酒店，她也因此取得了一番成绩。

2013 年，当刘仙会回到家乡，看到家乡父老仍然过着贫穷落后的生活时，她心如刀割。特别是几个女同学的情况，令她无法释怀。女同学们大多都结婚生子了，由于孩子小，她们一直不能出去打拼。有的同学连手机都买不起，对外界的事很陌生……刘仙会经过深思熟虑，毅然放弃了城里稳定的工作，回到家乡成立了武功县后稷新田园蔬菜专业合作社，带领家乡父老一起脱贫致富。

大西村的胡麦吨，因为年龄偏大，去了好多工地都未能如愿找到工作。刘仙会让胡麦吨来合作社的基地务工。现在他们家收入增加了，家庭关系也和谐了。胡麦吨逢人就夸：“是刘仙会改变了我的家庭，让我们过上了美满幸福的生活。”

02/ 刘仙会认为，企业是社会财富的创造者，也是社会责任的履行者，感恩社会、扶危济贫是一个企业人应有的品质和修养。

“滴水之恩，当涌泉相报。”2020 年，刘仙会依托合作社，共带领村民开发蔬

1/2

1 刘仙会（右三）与劳模学院同学的合影

2 刘仙会推广农产品

菜种植基地 38 亩；吸纳农村剩余劳动力在合作社就业 96 人；实现贫困户本金和分红 27.8 万元；免费举办培训班 10 余场次，培训果蔬种植从业人员 1000 余人次。她认为企业是社会财富的创造者，也是社会责任的履行者。感恩社会、扶危济贫是一个企业人应有的品质和修养。

近年来，她积极响应各级政府的号召，不忘初心，诠释家国情怀：为村小学和村委会建设捐款，为贫困大学新生捐款，为抗击疫情捐款捐物，走访和慰问残疾户等。多年来，刘仙会始终没有忘记党的好政策，没有忘记家乡父老的养育之恩。

03

“我还很年轻，今后的人生路还很长，在劳模学院这个大熔炉里，我会不断提升自己、重塑自己，为更好地坚持初心、完成使命而不懈努力。”这是开学初刘仙会写给自己的话。

2020 年 3 月，刘仙会正式成为中国劳动关系学院劳模学院的一名大学生。来到校园的第一天，她在自己的本上写道：“我还很年轻，今后的人生路还很长，在劳模学院这个大熔炉里，我会不断提升自己、重塑自己，为更好地坚持初心、完成使命而不懈努力。”

2020 年对刘仙会而言意义非凡。这一年她重新走进校园，带着创业以来的问题重新学习；这一年她有幸被评为“全国劳动模范”，享受着通过艰辛努力得来的荣誉和光环；这一年她更加体会到奋斗对于成长的重要意义，也感受到了“劳动模范”这一荣誉背后蕴含着的社会期待和使命责任。说起这些，刘仙会十分感慨：“在校期间，通过与全国各地劳模同学一起学习交流，找到了自己的不足，也树立了更加明确的奋斗目标。”

巾帼之志，不让须眉。在脱贫攻坚这条战线上，刘仙会始终步履坚定。对于未来，她给自己提出了更高的要求：努力学习、开阔视野、更新观念，带领乡亲们辛勤劳作、智慧劳作，过上更加富足的生活。

徐和先

“钻地”7000米的硬功夫

我真的喜欢采气这个工作，青春的光阴也全部奉献给了石油、天然气。

徐和先

1985年生，四川南充人，中共党员，高级技师，中国石化西南石油局采气二厂主任技师兼元坝采气管理区白鹤中心站站长。曾获“全国五一劳动奖章”“敬业奉献最美青工”等荣誉和称号。中国劳动关系学院劳模学院2020级学生。

01 / 采气就是寻找埋藏在地下的"气龙"，并用科学的方式驯服它。

2004 年，徐和先成为一名石油工人。刚入行的时候，工作经验不足，他就每天跟着老师傅学，仅有的一本《采油工》被他翻来覆去地看。他求着站长多带自己学技能，做好人生的第一份工作。

坚守荒野，钻地 7000 米。每天和石油、天然气打交道，历经无数常人难以想象的磨炼，很快，他就由一名"门外汉"变成了合格的采气工人。

2013 年底，徐和先参加元坝气田大会战。元坝气田属海相气田，硫化氢含量较高，危险程度较大，徐和先工作时必须背上空气呼吸器，手持硫化氢检测仪，以确保安全。有一次，他连轴转了 36 个小时没合眼，背着近 30 斤重的空气呼吸器，戴着面罩，随时巡检。确定完全没有问题后，疲惫至极的他才回到倒班公寓，倒头就睡，6 个小时后又起来接着上班。

与"气龙"共舞，尤其是海相气田这种含硫"气龙"，安全是悬在每个人头上

徐和先钻研业务

的达摩克利斯之剑，维修和监护则是安全防火墙。徐和先笑称元坝气田是“票据上的气田”，自己每天奔波最多的事情就是签票和监护。

02 “金牌老师”教出了“金牌学生”。

凭着勤学肯干的一股冲劲儿，徐和先成为采气一线职工的楷模。

现如今，徐和先已经是团队带头人，技能人才培养、队伍建设是他一直考虑的大事。徐和先耐心细致地手把手教大家操作技巧，让大家采气、维保功夫过硬。渐渐地，大家都成了采气高手。

“站长是个‘85 后’，但没想到技术让人心服口服，所以，我们都喊他‘老徐’。”“老徐很较真，和他一起巡检必须走完，一趟下来要花 40 多分钟。这种劲头确实值得学习。”

……

徐和先（中）手把手地教员工操作技巧

谈起徐和先，同事们纷纷竖起了大拇指。大家觉得，像他这样敬业且能吃苦的年轻人很是了不起。

03

"在等待和盼望中我收到了录取通知书，非常期待自己能早日在知识的海洋里畅游。"

在实际工作中，面对产业升级转型，徐和先坦言，自己明显感觉到现有的能力很难胜任新的挑战。

早在几年前，他就萌生了提升学历、扩充知识面的想法，但因工作性质和家庭原因的限制，一拖再拖，未能实现自己的心愿。

2019 年的一次培训，徐和先巧遇中国劳动关系学院杨冬梅教授现场授课，并有机会了解到中国劳动关系学院劳模学院。他主动咨询学校各方面的政策，他所在单位也非常支持他进行学习提升，这更加坚定了他求学的决心。

这一次，徐和先没有任何顾虑，毅然决定重新回归大学校园。

在新冠肺炎疫情防控特殊时期，徐和先开启了"坚守课堂 + 坚守岗位"的工读模式。

"我常常担心老师会因为我们基础太差、因工作忙或其他情况没有准时上课而批评我们，也不知道大学的教学方式与中学时期的教学方式是否一样。在焦虑中结束了第一周的线上课程，我发现各科老师都非常谦和、包容，完全打消了我的顾虑。非常感激各科老师的理解和包容。"徐和先感慨道。

与此同时，在工作岗位上，他带领站上的 10 多名员工已连续坚守岗位 40 多天，全力确保元坝气田生产平稳运行。

虽然生活很枯燥、工作时间很长，但一想到千家万户能用上天然气，徐和先心里总是暖暖的，因为这份坚守很值得。

晏文娟

用平凡服务
诠释不平凡人生

服务无小事，服务无止境，把服务做到极致。

晏文娟

1980 年生，安徽黄山人，中共党员，中林集团杭州千岛湖发展集团副总经理、歙县披云山庄第一书记。曾获“全国劳动模范”“中国餐饮行业最美青工”“安徽省三八红旗手”等称号，中共十九大代表。由其事迹拍摄而成的《全国劳模成长记》，作为全国党员电教片进行展播。中国劳动关系学院劳模学院 2020 级学生。

01

她仔细钻研每道徽菜的来源和历史故事，将餐饮与徽文化相融合。“在披云，不仅吃到了健康美味，更吃出了文化。”

1997 年，刚刚职高毕业的晏文娟成为披云山庄的第一批员工。为了尽快提高自己的业务能力，晏文娟主动申请轮换岗位进行锻炼。几乎所有岗位她都实践了一遍，并不断总结各个岗位的工作经验和心得。

她爱研究服务细节。从餐具摆放到托盘动作，从微笑练习到形体训练，她都付出了艰辛的努力和辛勤的汗水。一次，为了尽快上菜，晏文娟一只手稳稳地托起 6 盘菜穿梭于酒席间。“一个小姑娘竟然有这样的本领，真是了不起！”顾客看到后，都惊讶不已。

为了将餐饮与徽文化融合，晏文娟钻研起了古徽州饮食文化，精心汇编每道徽菜的来源和历史故事。她多次拜访当地砚雕大师，将歙砚艺术融入盛菜容器中，增强了菜品的文化气息。她带头研发设计的主题宴席，连续两年在全国餐饮业技能大赛

晏文娟（中）为员工做技术示范

晏文娟（中）对员工进行职业技能培训

中荣获金奖。有的顾客感慨地说："在披云，不仅吃到了健康美味，更吃出了文化。"

几年下来，每天都在做重复的事，晏文娟的一些同事感觉很乏味，相继辞职。但晏文娟激情满满，"服务无小事，服务无止境，把服务做到极致"是她一直坚守的信念。

02/ 她不断提升自己的业务能力，带领团队创建了"披云服务"标准化体系。

近年来，晏文娟把目光放在行业内。2019 年，由她带头提议的安徽省财贸轻纺烟草行业劳模（工匠）创新工作室联盟成立。这是安徽省首家跨地区、跨行业、跨企业的劳模（工匠）创新工作室联盟。

"希望能够借助这样的联盟，以服务行业、企业、职工为重点，为劳动模范、工匠人才搭建相互交流、相互学习、共同提高的平台，帮助解决生产经营、技术服务的难点问题，助推行业、企业高质量发展。"晏文娟说。

现在的晏文娟，依然保持着谦虚、平和的作风，积极发挥先锋模范带头作用，以劳模（工匠）创新工作室为载体，多次为农家乐服务人员、星级饭店服务人员开展培训，为黄山市的旅游发展提供人才支持。

她的客户曾说：“把会议安排在晏文娟这里最让人放心。”这份放心的背后，是晏文娟用敬业与执着诠释的对餐饮服务岗位的热爱。

03

“当我全身心、持之以恒地投入大学学习中时，我的青春又再一次美丽绽放。汲取知识的养分，人生必定会结出丰硕的果实。”

2020年，晏文娟来到中国劳动关系学院劳模学院学习。晏文娟非常感谢劳模学院给了她圆梦的机会。在这里，她收获了知识，拓宽了视野，结识了来自各地的优秀劳模同学。她说：“踏入大学校门进行系统学习，努力成为一名优秀的高技能人员，成为祖国需要的出色劳动者，是我期盼已久的梦想，也是我们同学共同的目标。我会倍加珍惜这宝贵的学习机会，认真学习。”

受到新冠肺炎疫情影响，她积极在线上学习，与劳模同学在群里互动和探讨，还带动身边的餐饮业同事一起参与。大家都被她刻苦学习的态度和对知识的渴望所打动。

“因为企业要发展，所以我们必须掌握新理念去充实自己。”在大学，如何构建“新理念”对她触动最大：“敢于创新，去突破传统管理方式的束缚，积极探索适合企业腾飞的新方法、新模式。”她很愿意扎进去钻研，尤其喜欢管理类课程。“老师会给我很多启发，带动我去思考如何进行管理创新，如何优化作业流程，如何提升团队效率，我非常受益。”

晏文娟一直在做一名奔跑者。她积极组织和参与学院的各项活动——主题党日活动、劳模宣讲团培训、学习交流会、专题学术论坛，提升自己，享受其中。

她相信，只有常怀一颗感恩之心，继续尽心尽力地把工作做好，坚守初心和口碑，才能不辜负大家的厚望和信任。

张晓建

好“焊”不畏难

只要持续地努力，不懈地奋斗，就没有征服不了的东西。

张晓建

1972 年生，河北唐山人，唐山万浦热电有限公司检修部副经理兼高压焊工。曾获“河北省劳动模范”“河北省五一劳动奖章”等称号和荣誉。中国劳动关系学院劳模学院 2020 级学生。

01

“我甘当企业的一颗小小的螺丝钉。只有每个人都履行好一颗螺丝钉的职责，公司这台‘大机器’才能更好地运转。”

张晓建常年奋战在工作一线，精通钳工、焊工的多项技能，是公司响当当的业务骨干，但他始终没有停下学习的脚步。对技术精益求精的他，拜唐山 80 多岁的“焊高祖”刘世英为师，终日勤学苦练，使得自身的焊接技艺日臻完美。

电厂设备大多属于承压部件，操作工人仅仅掌握一门工作技能难以满足工作需要。张晓建在干中学、学中干，广泛涉猎各种操作技能，又先后掌握了氩弧焊、二氧化碳保护焊等多种先进焊接工艺，并在实践中自创了一套适合现场操作的镜面反照焊接方法，解决了焊接难题，使得工作效率大幅提升。

02

“一辈子坚持干好一件事，把工作做到极致，才能彰显劳动者本色。”

2010 年，公司 2 号锅炉泄漏，经确认是过热器因长期磨损造成局部爆管导致的。根据以往的经验，需要先把邻近几排的管束用钢丝绳拉出一定的空间，然后操作人员进去焊接，焊完一排后，再焊另一排。但在实际过程中，这种方法的操作时间长，工作效率极低。

应该把“镜面反照焊接原理”的思路运用到这里来！

虽然没有现成的经验可学，但张晓建让自己把心静下来，抱着认真的态度，保质保量地完成了抢修任务。

张晓建的手艺越来越精湛，公司只要有重要的维修任务，都要请他挑大梁。

2012 年，锅炉泄漏再一次发生。这次，张晓建更加自信，提出“开天窗”的办法，即人不用进入炉膛内去焊接。确认好漏点后，他在外部进行割管焊接处理，焊接完毕后，对焊接口进行热处理后打压一次通过。同行们的眼睛瞪大了，由衷地赞叹：“太不可思议了，对我们今后的维修有很大的参考价值！”

1/2

1　张晓建（中）在劳模学院的课堂上

2　张晓建（右）对排粉机设备进行振动测量

张晓建经常对自己的徒弟说：“一辈子坚持干好一件事，把工作做到极致，才能彰显劳动者本色。”

03/ “成功的路没有捷径。在大学里学习也一样，唯有用心，才能有收获。”

张晓建收到中国劳动关系学院入学通知书的那一刻，心情无比激动。他清楚记得入学第一天，学长们在校门口亲自迎接他们入校，帮助他们熟悉学校的各个流程。

在新冠肺炎疫情期间，张晓建和劳模同学们不能随时出入校门。学校老师为他们提供了力所能及的帮助，使远离家乡的学子在这里找到了家的温暖。

令他感触最深的是每一位老师对他们的情真意切。上课的时候，老师们耐心细致地为他们讲解每一处难点，直到他们都弄明白为止。

大学的路上并非一帆风顺，别人看到的也许只是结果。由于起点低、基础差，张晓建需要付出更多的努力。他每天执着地练习英语。“坚持”两个字说起来容易，但做起来很难。然而，对于一个渴望知识、渴望有所作为的人来说，只要用心，就能有收获。

成功的路永远没有捷径可走。

慢慢地，他的学习成绩好了起来。

他用自己的努力与坚持完成了一个个看似难以企及的梦想。“这没有什么秘诀，就像做一件产品，让大家一看，就知道你是专心做出来的，这就是劳动精神。”

邹毅

成就“匠心”的“蓝领王子”

人生要有梦想，才会有信念砥砺奋进。作为蓝领工人，必须具备匠心报国的初心，在人生大舞台上激发无限的斗志，铸就自己的人生梦想。

邹毅

1988 年生，湖南长沙人，中共党员，株洲九方装备股份有限公司立车班班长，国家数控车工高级技师、高级考评员。曾获“全国劳动模范”“湖南省最美班组长”“湖南省五一劳动奖章”等称号和荣誉。中国劳动关系学院劳模学院 2020 级学生。

01 匠心寻梦，他是技艺精湛的“行业标杆”。

2006 年，年仅 18 岁的邹毅从湖南汽车工程职业学院机电技术应用专业毕业，进入株洲九方装备股份有限公司，成为一名数控车工。他永远记得在他入厂时师傅说过的一句话：“做人要坚守初心，做事要拥有匠心。”就是这样一句非常朴实的教诲，随着邹毅的成长转化成了他“不忘初心，匠心报国”的精神源泉和工作法宝。

他坚信：匠人要有匠心，打造高质量产品。一颗“匠心”的种子种在了邹毅心中的沃土里。

正是怀着这种信念，邹毅始终坚持“5+2”和“白 + 黑”的“蛮拼大干”精神，成为公司的“工时状元”之一。他身上总透出一股潜心钻研、敢为人先的劲头，使得他在数控机床操作方面屡建奇功。2009 年，参加工作仅 3 年的邹毅开始初露锋芒。当时，公司正在试制大功率交流传动 6 轴货运电力机车车轮。在加工过

工作中的邹毅

邹毅（中）为工友讲解“机车车轮先进加工方法”

程中，意想不到的加工难题出现了：圆弧 R14 处的加工尺寸不符合图纸要求。邹毅勇敢地挑起了攻关重担，和公司技术人员一起，研究分析产品加工过程中影响 R14 处尺寸的关键因素，采取重新编程、改进工艺程序等有效方法，最终攻克了这个技术难题。

02 匠心筑梦，他是先进班组的“火车头”。

火车跑得快，全靠车头带。

邹毅坚持帮助其他员工提升技术素质。他所带领的团队可以用“四高一轻”来概括，即生产设备数控机床自动化程度高、产品技术要求精度高、员工操作技能要求高、用户对产品质量要求高，而承载这“四高”的 80% 是年轻人。

2015 年，邹毅劳模工作室被命名为“湖南省示范劳模创新工作室”。他深深地认识到，自己不仅要打造工作室的“匠心”文化，夯实基础，还要凝聚公司技术精英的力量和智慧，共同圆梦“匠心报国”。

为了让更多的蓝领工人走上成才之路，邹毅努力带着工友们一起成长：他参加和主持数控理论知识与现场实操培训，对员工进行技能提升培训，帮助指导技工通过技能鉴定……他将自己多年摸索出来的技术，毫无保留地传授给工友们。

在他的带领下，工作室圆满完成了公司技术攻关项目，被称为“技能大师孵化器”，为公司提高产品质量和市场竞争力打下了坚实基础。

03/ 匠心追梦，他是劳模同学眼中的“蓝领王子”。

在邹毅的人生轨迹中，2020 年是最令他自豪的一年。这一年，他不仅成为“劳模大学生”，而且成为全国劳动模范。

邹毅对自己的大学时光格外珍惜：“学习机会十分不易，我会用自己的一片丹心，不负韶华，只争朝夕，发挥工人阶级的作用和力量，提升自身综合能力，为学校争光，为企业增效，为社会奉献。”

从初入校园时的约束拘谨，到成为班级里的学生骨干，无论是在课堂教学中，还是在校外实践时，邹毅都积极进取、虚心求教，全心服务同学、服务班级，是大家眼中的“蓝领王子”。

在校学习期间，全国劳动模范和先进工作者表彰大会在北京隆重举行。邹毅作为全国劳动模范，现场聆听了习近平总书记的讲话及其对广大劳动者的殷切期盼。他更加坚定了信心：把在大学学习作为一种激励和鞭策，不断拓宽视野。

这是邹毅的人生新起点。

邓志平

一程创业路
一生园林情

发展自我，致富乡亲，践行绿色使命，造福百姓。

邓志平

1966 年生，江西高安人，江西邓志平园林绿化有限公司董事长，兼任江西省花木产业协会副会长。曾获“江西省劳动模范”“省级优秀企业家”“全国绿化奖章”等称号和荣誉。中国劳动关系学院劳模学院 2020 级学生。

01／ 一场意外，毅然转行投身园林绿化事业。

1993 年，邓志平依托高安当地天然富饶的山林资源，先后创办了竹木制品厂、木地板厂、集成板材厂等企业。

就在他的事业蒸蒸日上的时候，一个意外的事故，却让他毅然决然地从山林资源的消耗行业转向了一个从未涉足的新行业——园林绿化，完成了创业路上的 180 度大转弯。那是 2009 年的夏天，他开车去湖南采购原木地板材料。就是这次看似与往常一样的采购，竟差点要了他的命。“我驾驶的车子刚刚开进一条盘山公路，突然前面出现了塌方，差一点就把车压瘪。”当时的他吓得全身都是冷汗，坐在车里好半天都缓不过劲儿来。他下车去了解情况，只听见当地山民说，这些山上的树由于长期被砍伐，导致山上的植被大面积减少，水土流失严重。这是造成塌方的主要原因。

此次经历改变了邓志平的一生。

他开始反思自己：“当时我所从事的行业，每天都要加工那么多木材，对原料的刚性需求导致我要不断砍树，家乡的树砍完了，就跑到外地砍，这简直罪不可赦呀！”

于是，他不顾亲戚朋友的反对，决定立刻放弃当时利润可观的木地板厂，转行做园林绿化，并为此投入了 20 多年来的全部积蓄，成立了江西邓志平园林绿化有限公司。

02／ 一路前行，苗木规模从几百亩发展到 3 万余亩。

从 2009 年公司成立至今，邓志平公司的苗木基地规模，已由最初的几百亩发展到现在的 3 万余亩。

回忆起过往，最让邓志平骄傲的事，就是 2012 年所取得的猴樟引种育苗技术研究的科学技术成果。该成果的应用和推广具有显著的经济效益与社会效益，填补

1/2

1 邓志平（右上）和同学一起救助校园里的树

2 邓志平参会参展

了国内行业空白，并为企业接下来的发展奠定了科研基础。邓志平说，正是这一成果，让公司从 2011 年的 2000 亩规模，迅速发展到 2015 年的 2.2 万亩。

那一年，他的公司与江西省林业厅、江西农业大学、江西省林科院共同合作开发的科研品种猴樟种植面积即将突破 2 万亩，他们也建成了全国最大的猴樟种植基地。

03／ 一身荣誉，从公司董事长做回大学生。

十年全力发展，邓志平及其公司已然是硕果累累。但即使一身荣誉，邓志平还是一直不骄不躁，勤奋好学。

2020 年，他来到中国劳动关系学院劳模学院开始学习。虽然工作繁忙，但他也一直在努力处理好工学矛盾，主动联系任课教师，挤出时间学习课程。没有英语基础的他为了上好英语课，甚至在英语课本上标注了密密麻麻的“汉语拼音”。

从事绿色事业的他，已将对树木的缘分和情感变成了职业习惯。

在校学习之余，邓志平喜欢在校园里走走看看，观察校园里的花木，还用他的专业知识发现并成功诊治了校园里的病树。从树根的维护到枝叶的修剪，从灌溉的方式到后续的养护，他都亲力亲为。在他和劳模同学的精心照料下，昔日病树如今枝繁叶茂、生机勃发。

大家亲切地称呼邓志平为“绿化大王”。

从一名普通工人到一名优秀企业家，邓志平说：“在我余生的绿色征程中，无论遇到什么困难，我都会坚定信心，砥砺前行，以一种勇立潮头的开拓精神，驶向我心中绿色的巅峰！”

姜波

田间的坚守

我的梦想是帮助更多的农民共同致富，实现自己的人生价值。我会为之奋斗终生。

姜波

1970 年生，山东青岛人，青岛地平线蔬菜专业合作社理事长，青岛市即墨区农村专业技术协会联合会会长，高级农艺师。曾获“全国城乡妇女岗位建功先进个人”“全国优秀职业农民创业带头人”“山东省劳动模范”等称号。中国劳动关系学院劳模学院 2020 级学生。

01 / 她从小喝着大沽河的水长大。她的家乡，气候适宜，土壤肥沃，祖祖辈辈有种菜的传统。源于对家乡的热爱、对蔬菜的钟情，她钻研起了种植。

姜波是青岛即墨土生土长的菜农，她的追梦创业史是从蔬菜种植开始的。刚起步时，她遇到了所有农民共同的难题："千辛万苦种出来的蔬菜瓜果卖不出去，很多都烂在了地里，一年忙到头，挣钱全靠运气。"

2003 年，一次偶然的机会，看到别人从网上购物，姜波想自己种植的蔬菜能不能也通过网上卖出去。说干就干，姜波从旧货市场买回来一台二手电脑，白天下地干活，晚上学习电脑操作，一个问题一个问题地摸索实践。通过刻苦学习，她终于能够熟练地操作电脑，实现了利用互联网卖菜的梦想，把蔬菜销售到了全国各地，甚至还出口到国外。

现在，姜波每年利用互联网卖菜 1 万多吨，价值 1300 多万元，带动当地 200

姜波（右）给大学生讲解育苗知识

科技小分队巡诊

多名农村经纪人和周边 3200 多名农民利用互联网卖菜创业，推动了当地蔬菜产业跨越式发展。

02/ “脚上沾有多少泥土，心中就会装有多少对农民的真情。”这是姜波经常说的一句话，朴实无华。

姜波一直奔波在田间地头。“我是搞农业的，想法子提升蔬菜的品质，为的就是让乡亲们的钱袋子再鼓些，这是我的信念。”2008 年，姜波创办地平线蔬菜专业合作社。“社员用我们的种子，我们有专门的技术人员指导。按照标准种出来的蔬菜我们负责销售。”姜波说，按照合作社的标准严格执行，通过“品种引进—试验示范—培训技术—辐射带动”模式，把每家每户“聚起来”。

就这样，合作社变成了帮助农户发家致富的平台。

通过提升蔬菜品质，销售渠道拓宽了。但姜波注意到，菜农们在蔬菜生产中虽然基本掌握了基础技术，但在一些关键技术上还存在问题。而种植水平参差不齐、新品种引进信息不通畅，成为菜农进一步发展生产的障碍。于是，姜波和丈夫自费创办农民田间学校，聘请专家和技术人员深入田间地头，现场诊断交流，给菜农开展技能培训、实训和创业孵化学习。

“平时跟着去学习，学一招回来用一招。”菜农们说，只要种植蔬菜有疑问，技术人员总能给找到原因，不用再发愁，心里踏实了许多。很多菜农通过培训还拿到了新型职业农民证书，成为蔬菜种植的行家里手。

03／“自己本来就是一个农民，只有不断干活奋斗，才能创造出幸福来。智慧农业的时代已经到来，我们农民也要与时俱进、学习提升、拓展视野”。

2020年，50岁的姜波终于圆了自己的大学梦。谈到上大学这件事，姜波眼睛里泛着光亮。“在这里，我结识了来自全国各地的优秀劳模同学，大家互相学习、相互帮助、共同提高。劳模学院的老师教学认真细致，课余时间悉心帮助学生解答学习中、生活中遇到的问题。特别是新冠肺炎疫情期间，两位青岛的同学返校，在学院培训公寓点进行隔离观察。同学们轮班为他们送饭，老师们通过电话和微信及时慰问、关心他们。我参展滞销的蔬菜，同学们积极帮助我找销路，老师也伸手援助。在这个大集体中，我深切感受到浓浓的师生情和同学情。”

在线学习之余，姜波组建了一支妇女先锋队。在她的带领下，先锋队先后捐赠了价值2万多元的新鲜蔬菜，向农民和一线值班人员捐赠口罩、消毒液等防护用品。疫情形势平稳后，姜波又组织合作社向当地城区主要农贸市场低价输入新鲜蔬菜300多万斤，为保证群众“菜篮子”贡献了自己的力量。

姜波用自己的实际行动践行着一位农民企业家的坚守与担当。她说，自己的愿望就是学有所成后回到家乡，把合作社做大做强，带领更多的农民朋友发家致富，为美丽农村建设添砖加瓦。

刘宝峰

用忠诚
铸就警魂

梦想一定要有，万一实现了呢?“中国梦”不就是每个人的梦编织起来的么? 如果每个人都实现了自己的梦想，中华民族伟大复兴的“中国梦”也就实现了。

刘宝峰

1985 年生，内蒙古巴彦淖尔人，内蒙古巴彦淖尔市杭锦后旗公安局特警大队大队长。先后荣立个人三等功 4 次、二等功 1 次，所带集体荣立三等功 3 次；曾获“全国抗震救灾模范”“内蒙古自治区模范退役军人”“感动内蒙古十大人物”等称号。中国劳动关系学院劳模学院 2020 级学生。

01 “当兵后悔三年，不当兵后悔一辈子。”

怀揣着一个橄榄梦，2003 年 12 月，还在读大三的刘宝峰不顾家人反对，成了武警四川省总队的一名战士。无数次的摸爬滚打，锻炼了他坚韧的品格和军人的意志。参与处置大规模群体性闹事事件、抗洪抢险、抗击雨雪冰冻灾害、抗震救灾等急难险重任务，更让他找到了人生的价值所在。

2008 年，在长达 112 天的汶川抗震救灾中，刘宝峰带领战士共搜救出幸存者 89 人，挖掘并帮助掩埋遇难者遗体 1000 余具，抢救出银行被埋的 1600 余万元现金并全部移交给当地政府。在一次抢救群众财产工作中，他不顾个人安危爬入废墟不幸被埋，腰部受伤，后被战友合力救出，圆满完成了各项任务。

02 “群众满意是我们最大的心愿。”

2009 年，刘宝峰进入公安系统刑警队，2013 年成为一名特警。2010 年，在全国“清网”行动中，他与逃跑 13 年的犯罪嫌疑人在茫茫乌兰布和沙漠中展开“沙漠越野”的较量。经过 40 多分钟的耐力比拼，最终犯罪嫌疑人口吐白沫败下阵来。

2018 年，在全国扫黑除恶专项斗争中，一名刚刚被抓获的犯罪嫌疑人挣脱逃跑。他第一个反应过来，冲向了嫌疑人。追赶几百米后，他跃起将犯罪嫌疑人扑倒在地，翻滚出十多米远。当犯罪嫌疑人再次被抓获后，刘宝峰才发现自己的膝盖、肘关节已经血肉模糊，血与汗混在一起，正顺着身体往下流。

从警 10 余年，有 5 年的年夜饭刘宝峰是在 110 值班室里吃着泡面度过的。元宵佳节的烟花曾为他照亮过千里缉凶的归途；中秋佳节的月圆之夜，他曾蹲守在犯罪嫌疑人的门洞外伺机实施抓捕。他先后参与侦办各类案件 700 余起，抓捕犯罪嫌疑人 300 余名，化解邻里纠纷 170 余次，为群众解决实际困难 19 件……

1/2

1 刘宝峰（右）指挥城市武装巡逻

2 刘宝峰到小学宣讲，传递正能量

03 “校园就是我的另一个家园。”

平日里不苟言笑的刘宝峰，在生活中其实是一个充满活力、积极向上的“大男孩”。刑警大队里，有他在的地方就有欢笑和活力。这名“80后”的小伙子对未来有着很多的期许。2020年，刘宝峰向单位提出申请，来到中国劳动关系学院劳模学院深造。入学后，他十分珍惜这次学习机会，课堂上认真聆听老师的教诲，课余虚心同来自全国各地的劳模同学们交流学习。

刘宝峰以校为家，爱护着校园的一草一木。一次偶然的散步，他发现学校综合楼前一棵本该是绿油油、松针满枝的古松满树枯黄，看上去像患了病。为了抢救古树，他找来了同屋的园林专家邓志平对树“问诊把脉”。在他的倡导下，其他劳模同学也纷纷加入了“保护校园，人人有责”的行列之中。大家利用闲暇时间，借来锯子、梯子、水管等工具，在园林专家的带领下，为古树“开刀手术”，成功截取了患病枝干，而后为古树“溶栓输液”。新春时节，古树再次长出了新芽，焕发了生机。

穿上军装，他冲锋在前；身着警服，他惩恶扬善；回归校园，他不忘本色。刘宝峰时刻把国家的安危、人民的利益放在首位，用自己的行动诠释着忠诚于党、忠诚于人民的铮铮誓言。

刘德刚

一名战士的不变信仰

用饱满的精神、满腔的热情、百分之百的用心，投入工作中。一切平凡的工作，都可以创造不平凡的成就。

刘德刚

1979 年生，山东安丘人，中共党员，青岛市城阳区棘洪滩街道办事处科员。参加国际维和任务荣立个人一等功，荣立三等功两次，被联合国授予“联合国维持和平勋章”，获“中国人民解放军和平使命纪念章”“中国维和警察荣誉章”。中国劳动关系学院劳模学院 2020 级学生。

01 穿上军装，为世界和平而战。

在成为一名基层工作者之前，39 岁的青岛市城阳区棘洪滩街道办事处科员刘德刚有着 17 年的从军生涯，而最令他难忘的莫过于在维和部队的经历。

2015 年 3 月，刘德刚作为中国第三支赴利比里亚维和警察防暴队的一员，跨越半个地球，飞抵大西洋之畔的利比里亚锡诺州，接棒执行国际维和任务。

利比里亚地处非洲西部，气候恶劣，疟疾高发，经济落后，政局动荡不安，生活条件异常艰苦。作为一名战斗队员和枪械管理员，刘德刚始终严守规则、规范操作，扎实履行各项授权任务，为维护利比里亚和平稳定发挥了重要作用。

维和期间，刘德刚参加了武装巡逻、处置突发事件、武装押运、空中巡逻等勤务。他在任务区动用枪支 3 万余次、弹药 10 万余发，确保了枪弹无一丢失、无一损坏和枪支弹药无安全事故发生。据统计，刘德刚所在防暴队的执行勤务量、巡逻

刘德刚（右二）参加联合国授予和平勋章仪式

刘德刚负责社区印章管理

里程量、信息采集量、应急反应速度、处理突发事件专业水平 5 项综合行动能力评估指标在驻利比里亚 8 支防暴队中全部排名第一。2015 年 12 月 1 日，防暴队全体 140 名队员被联合国授予“联合国维持和平勋章”。

02 / 脱下军装，为居民安宁而战。

2016 年 3 月，刘德刚结束了一年的维和任务回国。卸下“维和英雄”的光环后，他又一头扎进了城阳区棘洪滩街道基层工作中，继续服务居民、践行初心。“我是一个战士，身在部队为保家卫国、为人民而战斗，身在利比里亚为和平而战斗，身在基层就要为服务居民而战斗，这是一名战士不变的信仰。”刘德刚说。

在街道办事处，刘德刚主要负责社区的印章管理工作。工作中，他严格按照规章制度办事，把好人情章、关系章这一关，没有出现过一次工作失误。他说：“组织把这么重要的工作交给我，我一定不负众望管理好印章。”

2020 年春节，新冠肺炎疫情来势汹汹，他主动请求并积极地投入疫情抗击第一线。他说：“在部队作为一名军人守护着国门，保卫着祖国这个大家庭，现在作为一名街道的工作者，就要守护好社区，保护好每一个小家庭。”

03／ 不断学习，更好地为人民服务。

到街道办事处工作后，刘德刚日益发现，要做好基层服务工作，并没有想象中简单，于是便主动申请到中国劳动关系学院深造学习，提升自己。

2020 年，刘德刚成为劳模学院的学生。他十分珍惜这次学习机会，上课认真听讲、勤做笔记，及时消化每一个知识点。节假日同学们都请假回家，但考虑到疫情防控返京需要隔离，为了不耽误学习，他坚持假期留校。由于表现优异，刘德刚被评为“全勤标兵”。

谈到收获，刘德刚体会到，学院的老师注重理论与实践相结合进行教学，为大家设立了明确的培养目标，建立了多元化的培养体系，令他们受益匪浅。

面对未来，刘德刚表示，要以大国工匠为榜样，不断学习，提升自我，完善知识体系，用干劲、闯劲、钻劲鼓舞更多的人，更好地为人民服务，践行一名战士不变的信仰。

▍刘梦鹏

涓涓细流 入心入海

凡事总要有信心，得总想着“能行”。要是做一件事，先担心做不成，那就没有勇气了。

刘梦鹏

1971 年生，内蒙古额济纳旗人，额济纳旗城市管理综合执法局职员。曾获“内蒙古自治区劳动模范”“阿拉善盟劳动模范”等称号。中国劳动关系学院劳模学院 2020 级学生。

01

一身宽大的迷彩服，总是沾满了泥点水渍；一辆半旧的三轮摩托车，拉着水管、钳子和喷灯；一个魁梧憨厚的汉子，用汗水和辛勤时刻保障着达来呼布镇百姓的用水畅通，这就是退伍军人、额济纳旗大漠供水公司管道组组长刘梦鹏。

刘梦鹏退伍后，进入额济纳旗城建站工作，从事供水管道的安装维修。

在工作中，刘梦鹏踏实苦干、兢兢业业。1998 年，刘梦鹏担任管道组组长。他郑重地向达来呼布镇居民承诺：只要是自来水管道出的问题，24 小时他们随叫随到。

知易行难，为了兑现承诺，刘梦鹏时常连轴转。2009 年春节前夕，一户居民家中自来水管道破裂。得到消息后，刘梦鹏为了让职工多休息一会，独自一人赶到居民家中，发现水柱直冲天花板。他不顾一切冲进冰冷的水中，用身体堵着漏水管道，迎着冰凉的水柱对管道进行了“包扎”。一番干净利索的操作后，漏水问题得到了解决，可他的全身已被冰冷的自来水浇透了。

像这种情况，刘梦鹏每年都要面对 100 多次，可他总说：“兵来将挡，水漏我堵。”

02

一路汗水一路歌。

2001 年，额济纳旗城建站进行改制，成立额济纳旗大漠供水公司。难舍本行的刘梦鹏继续选择了管道组。2004 年，额济纳旗新建了移民新村，为村民接通自来水的工作落到了管道组的肩上，同时由管道组负责的额济纳旗排污二期工程也已开工。

肩负两项重任，刘梦鹏和组员利用双休日和节假日，连续作战。从 40 摄氏度的炎炎夏日到寒风凛冽的冬天，工作就是他们的一切。在刘梦鹏和组员的努力下，一条条坑道从无到有，一根根水管接进居民家中。当他们看着涓涓清流随着水龙头

1/2

1 刘梦鹏检修公司设备

2 刘梦鹏露天作业场景

的拧开喷涌而出时，脸上露出了憨厚淳朴的笑容。

20 多年来，刘梦鹏始终坚守在额济纳旗供水一线上，带领职工铺设供水排污管道 100 多公里，在工作中积极发挥军人吃苦耐劳、坚持作战的精神。辛勤的工作也让他赢得了人们的信任和尊重。

03／这是新的起点，这是我的大学。

2020 年，一个不平凡的年份。刘梦鹏进入了中国劳动关系学院劳模学院，开始了他梦寐以求的大学生活。

对于从未走进过大学校门的刘梦鹏来说，机会尤其珍贵。在大学，刘梦鹏感受到了老师们孜孜不倦的教诲。劳模同学们闪光点的相互碰撞，更让他看到了明日的曙光和对未来生活的希望！

各行各业的劳模同学们诠释了劳动创造的丰富内涵，激发出砥砺奋进的精神力量。“劳动推动进步，奋斗创造伟大。人类历史是劳动创造的，社会是劳动创造的。无论是过去、现在，还是将来，只有劳动和奋斗，才能推动社会进步、创造物质和精神财富，让社会更美好、生活更幸福。”同学间的思想交流，让刘梦鹏受益匪浅。

通过大学系统地学习，他的眼界更加宽阔了。

“新时代是奋斗者的时代，无论是迈向高质量发展的时代进程，还是实现人生梦想，都离不开劳动和奋斗。”这是他在大学学习期间的深刻感悟。

“我一定不忘初心，将我所学的知识运用到工作和实践中，更好地服务社会、服务人民，用更好的方式回报额济纳旗这片养育了我的热土！”

刘庆庆

用心纺好每一根纱线

没有道路能直接通向成功，我们必须用自己的辛勤与汗水，来凝结这条漫长的路。

刘庆庆

1985 年生，山东淄博人，中共党员，党的十九大代表，山东魏桥创业集团魏桥纺织股份有限公司首席技师。曾获“全国五一劳动奖章”“中国棉纺织行业传承大工匠”“全国技术能手”等荣誉和称号。中国劳动关系学院劳模学院 2020 级劳模学生。

01 / 她是一名普通的纺织女工，对所在工序设备大胆改进，大大提高了车间生产效率。

2004 年，刘庆庆成为一名粗纱值车工。刚进厂的 2 个月里，为了尽快掌握技术要领、熟悉设备性能，她起早贪黑学习操作理论，仔细推敲实际运用中的难点、盲点。为了练好操作技术，她每天自觉加班 3 个多小时，从纱线接头方法到清洁程序，再到络纱要领，反复研究并练习每一个操作细节。胳膊常常累得抬不起来，她却乐此不疲。

短短 2 个月，刘庆庆就率先达到了顶岗水平，成为同批徒工中的佼佼者。“她对自己要求标准很高，又最勤奋。”带她的师傅吴红霞评价道。

机前接头是个技术活，刘庆庆说：“掌握不好力度和高度，就容易碰虎口。我左手的虎口就被碰得发青，有时转得胳膊也疼。”

然而，这并没有阻挡住刘庆庆钻研的脚步。她反复实验，尝试提高技术，最终

刘庆庆（左二）传授技能

工作中的刘庆庆认真踏实

成功攻克这一难题。她将粗纱机前接头用塑料软管进行了改制，在管沟槽处的下方放置约 5 毫米的橡胶筋，不但防止了割口处的破损，而且更易挂纱条，使标准时间为 85 秒的机前接头一跃提升为 40 秒。此工艺一经推广，大大提高了粗纱工序的整体生产效率。

02 / “当我把这根棉条握在手里的时候，就感觉它们仿佛有生命。”

在纺纱流程的粗纱环节中，运转中的棉条最容易突然断开，如何最快最好地把棉条规范连接起来，是对粗纱值车工的技术考验。

刘庆庆说：“只要一走进车间，我就浑身充满了力量，当我把这根棉条握在手里的时候，就感觉它们仿佛有生命。我根据它们的特性把它们结合在一起，又感觉这根棉条获得了新生，信念也许就是我在操作方面提高质量与速度的秘诀吧。”

这看似普通的棉条，捏着又绵软又筋道。按照操作规范，要把它均匀撕开，如果长短不一，织出的布就会过粗或过细；竹签包卷时要里松外紧，旋转 360 度，否则都不合格。

所有这些，刘庆庆可以在 3 秒钟内完成，这是机器所无法代替的。

魏桥集团第三棉纺厂前纺车间主任张清林说：“刘庆庆把接头长度误差控制在 1 毫米以内，这种技能在业内处在顶尖水平，弥补了设备的不足，与设备有机地结合在一起，使生产效率提高了 30% 以上。”

03／重新回到大学课堂，她有了新的感受。

刘庆庆是一个热爱学习的青年，学无止境是她经常挂在嘴边的一句话。由于各种原因，刘庆庆 19 岁便参加工作，未能到大学深造一直是她深深的遗憾。当她听说能够到中国劳动关系学院劳模学院深造时，既感到意外，也感到十分欣喜和期待。

来到大学校园，她首先感受到的是浓厚的学习氛围，这里的每个人都跟她一样，对知识有无限的渴望。她说：“能够到大学课堂深造，是我梦寐以求的，我非常珍惜这次学习深造的机会。”虽然基础不太好，但是她及时向老师们请教，积极和同学们交流，经常“泡”在学校图书馆，查阅资料，努力克服各种学习上的困难。

刘庆庆上学之前所在的纺织行业，一直是劳动密集型产业，但随着科技的发展，无人车间、无人工厂渐渐替代了产业工人。她说：“如果我们继续沉浸在往昔的辉煌中，就会慢慢被时代淘汰。”

作为新时代的产业工人，要有时不我待的紧迫感。通过大学的学习，刘庆庆希望能对所在行业及自身定位有更加深入的理解和思考，大力推动纺织行业科技创新和成果转化。“不断提升行业自主创新能力、提升技术装备水平和产品开发能力，是我们今后任重而道远的目标。”

吕平

机加线上的“全线通”

人只要有一种信念，有所追求，什么样的艰苦都能忍受，什么样的环境也都能适应。不要小看自己所做的每一件事，即使是最普通的事，也应该全力以赴，尽职尽责地去完成。

吕平

1970 年生，北京人，中共党员，曾任北汽福田汽车股份有限公司北京福田发动机厂机加部 493 缸体加工线操作工。曾获“北京市劳动模范”等称号。中国劳动关系学院劳模学院 2020 级学生。

01 / 她是整个工段唯一一名女性“全线通”，是生产线上精明能干的“大姐”，是大家心中共同的班长、师傅。

“选择了钻研技术这条路，就没有捷径可言。”1991 年参加工作的吕平，如今已在设备一线摸爬滚打了 30 年。

犹记得刚参加工作时，从发动机机加工的一名普通机械工人做起，在面对高强度缸体生产线和一身油味、满手油污的窘境时，她有些不知所措。但很快，在师傅的指导下，凭借着一股子钻劲，吕平迅速成长为岗位的中坚力量，熟练掌握了生产线全部 82 台机床技术操作方式，成为生产线的“全线通”。

要知道，能达到“全线通”如此高度技能水平的员工，在整个工段中，包括工段长在内，也只有 4 名。而在整个机加部 4 条生产线中，作为全线通的女性工人，也就仅此 1 位。

经过多年如一日的努力，她成为生产线上大家共同的“大姐”，成为同事的榜样，也是大家心中当之无愧的“红旗手”。

作为生产线的骨干和标杆党员，对于经验不足、技术不过关的员工，吕平总是会主动地细心教导，从安全生产到生产技术，一步一步，从无藏私，倾囊相授。从早上的出勤相关规定到工作中的工作技巧，从设备的操作原理到机床刀具的调整方法，她总是一遍一遍地仔细教。工作期间，她曾先后培养骨干员工 30 余名，其中部分已成长为生产线组长。她的付出获得了广大干部员工的一致认同，她也是大家心中共同的班长和师傅。

02 / 工匠精神的内涵，早已超越了制造工艺本身，这是一种对产品品质精益求精、孜孜以求的信仰。

如果把机加部比作一个战斗单元，那么缸体操作线无疑是这个战斗单元的精锐部队。如何既能保证生产效率，还能兼顾产品质量的稳定性，是摆在操作线上的一

1/2

1 吕平在测量工件

2 吕平参加劳模学院活动

道难题。

吕平所在的493缸体线一共有82台机床，检验项目多、耗时长，导致首件确认时间的延后，影响了缸体质量的监控。吕平提出了交替巡检的建议，并总结出优先检查生产线问题较多、质量影响较大的十几道工序的方法，同时编制了生产线巡检优先级表，保证了关键尺寸的首件确认，加强了批量质量事故的预防，确保了缸体的质量。

诸如此类，440序缸孔后油封镗刀具的改进、450序精铣顶面的调整、280序止口镗床的夹具改善、360序斜油孔钻床改善等，整条机加线上，流淌着的是吕平精益求精的匠心和数十年如一日的坚守。

据不完全统计，吕平在任职期间先后提出改进改善意见100余条，参与各种重大改进项目20余项，综合为工厂取得效益2000万余元。

03/ 学习，是我终生的事业。

走进大学校园是吕平心中一直期望的，多年的工作没有减少她对进步的追求和对知识的向往。在2019年7月接到工会和单位关于中国劳动关系学院劳模本科班招生的通知，吕平第一时间便报名参加并成功被录取。

2020年3月，她终于收到了中国劳动关系学院劳模学院的录取通知书。

从那一刻起，她将工作岗位上的热情带进课堂，认真学习，刻苦钻研，充分利用学校提供的教学资源丰富自己的知识储备。作为一个土生土长的北京人，在日常生活中她也十分照顾同学们，充分体现了一个“老大姐”的形象。比如，她从家里带来饭菜给同学们改善生活，周末带外地同学了解北京的文化……

同学们都亲切地叫她“平姐”，说起她时，大家也都是赞誉有加。

2021年的吕平已经办理了退休，学习将是她接下来要全身心投入的事业。在校园这片让她心之向往的热土上，吕平就像一位岁月的“逆行者”。问起她今后的打算，她还是想找个与之前工作相关的岗位，利用在学校所学的知识，继续发光发热。

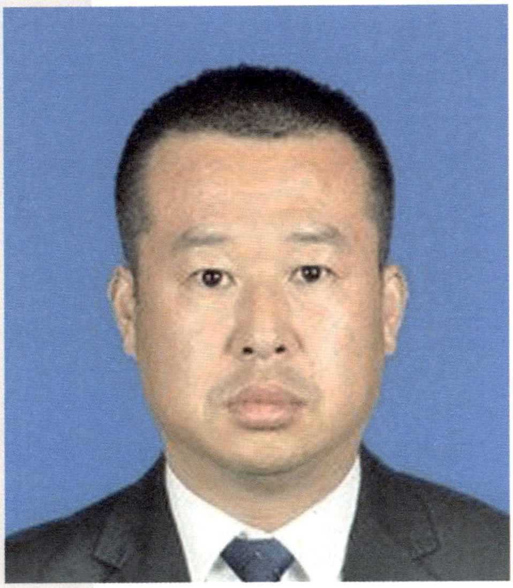

马建波

蜂蜜红薯的“开拓者”

人活着，就得努力，就得争一口气。

马建波

1979 年生，河北邯郸人，中共党员，河北沐泽农业科技有限公司董事长、总经理。曾获“河北省劳动模范”等称号。中国劳动关系学院劳模学院 2020 级学生。

01／曾经的他，一心想要走出农村，融入大城市；现在的他，却在生他养他的那片土地上创造了奇迹。

马建波是地地道道的农村人，他的家乡在邱县，是有 2000 多年历史的古县。昔日的黄河故道黄沙漫漫，一条清凉江弯弯曲曲穿过。黄河故道的黄沙，渗水快，在过去很多人眼里是坏地，但就是这样一块“坏地”在马建波眼里成了一块“宝地”。

他开始研究土地特点，寻找如何种出好作物的方法。为此，马建波去中国台湾、日本学习高精尖农业，在国外引进了高端红薯品种。该品种正好适合邱城镇这一带沙质土壤和自然环境特点，马建波尝试种植后收益颇丰。从此马建波开始了长达 8 年的摸索，蹚出了一条红薯种植、销售、加工和以红薯为特色的乡村旅游之路，他也把发展优质红薯种植加工产业作为带领农民致富的“敲门砖”。

马建波（右二）在脱毒甘薯实验室研究种植技术

02/ 在古代一言可以兴邦，在马建波这里，一个红薯可以富裕一个县，可以让几十万名邱县人过上富裕生活。

2016 年春天，在马建波的带动下，村民们纷纷种上了红薯。

为了大家有个好收成，马建波邀请知名专家和学者来为村民培训红薯种植技术以及科学施肥、深耕起畦、膜下种植等新技术，提倡农民科学种薯。在他的努力下，全县的小红薯获得了“邱县红薯”地理标志，同时“邱县蜂蜜红薯”区域公用品牌也正式发布，标志着全省红薯产业发展有了新的标杆。

2020 年，借助乡村旅游发展之势，马建波用自己的小红薯为美丽乡村建设添砖加瓦，使段寨村摇身一变成为“红薯小镇”。洁白的墙体上绘出红薯主题的图文，街道干净整洁，红薯博物馆、红薯烤房等主题小院薯香飘逸。

目前，邱县建成优质红薯种植基地 1.6 万亩，年产红薯 9600 万斤，建有 1000

马建波（左二）在农田指导工作

万斤规模储藏库，拥有占地 1.5 万平方米交易市场、6000 多平方米邱县蜂蜜红薯产业园、冰冻烤薯加工车间。为进一步达到标准化规范化生产，公司又上新红薯自动清洗机、重量分选机，未来还将建设特色红薯育苗基地，推广科学灌溉、植保技术。马建波带领村民走上致富快车道，为周边农户提供学习和就业机会，实现“科技兴农”的目标。

03/ “如果你问我，做一名 40 岁的大学生是什么感觉？我会说，幸福。因为，我又可以为自己奋斗一回。”

对于 40 岁的马建波来说，重新回到校园，成为中国劳动关系学院劳模学院的一名学生，再次过起了“宿舍—食堂—教室”三点一线的简单生活，他的内心是无比充实的。用他自己的话说就是：“在大学的时光，就是我自己激情燃烧的岁月。”

重新回到校园里，伏案工作变成了埋头学习，侃侃而谈变成了耐心聆听，在人生的不惑之年，这种变化让马建波重新燃起了学习的激情，获得了奋斗的力量。

大学校园生活给他的人生赋予无限的亮点，知识水平提高、思想境界拓展、工作能力加强等方面，都迈上了一个新的台阶。在未来的发展中，马建波更加意识到要通过不断学习实践，加强科技创新，延伸产业链，争取把红薯产业做大做强！

让更多的人吃到最甜蜜的红薯，让更多的人因为红薯而让生活更加甜蜜。这便是马建波所追求和坚持的“甜蜜事业”。

唐鹊

30年只做一件事

我做的事都是很实际的事，我没离开农民，也没离开农村，我是农村孩子。

唐鹊

1968 年生，辽宁锦州人，北镇市欣鑫农牧生态家庭农场负责人，高级农艺师。曾获“辽宁省劳动模范”“锦州市农民状元”等称号。中国劳动关系学院劳模学院 2020 级学生。

01

“我生在农村，长在农村，是肥美的辽西大地哺育了我，是勤劳善良的母亲、开明豁达的父亲给了我吃苦耐劳勤奋向上、百折不回的信念。儿时的梦想、青少年时代的追求，逐渐演化成如今我脚踏实地的辛勤耕耘。”

1990 年，唐鹊带着一种对未来美好生活的向往，营造了一个属于自己的小家，开始了向土地要效益的艰苦奋斗。当温室大棚还不被人们认可的时候，唐鹊就利用平时攒下来的钱在自己的 2 亩地上搭起了 3 栋棚种植茄子，一年下来收入便达到 3 万元，这在当时可不是一个小数目，村里人纷纷效仿。

唐鹊又将目光转移到辣椒种植上去，但苦于没有优良的种子，直到偶然得知沈阳的农科院培育出了一批优良种子，于是她带着不满周岁的孩子奔赴沈阳。蒙蒙细雨中，科研人员被唐鹊的真诚打动，拿出本不轻易外售的“沈椒四号”种子支援了她。因辣椒在当地销量很少，村里人都认为她“疯”了，可唐鹊不以为然，她深信，要致富就一定要有所创新、有所突破。

很快，辣椒丰收了，优良的品种再经过她悉心的栽培，引来了许多外地客商。之后辣椒种植面积迅速增加，一直到现在都是当地的主栽品种。

此后几年间，唐鹊尝试种植甜瓜、立体栽培、采用滴灌技术以及黑膜覆盖、尝试嫁接黄瓜和甜瓜、引进小番茄。取经的人络绎不绝，新品种、新技术不断得到普及和推广，当地的甜瓜已经畅销全国各地。

02

“多少个夜晚，我辗转反侧、彻夜难眠，多少个清晨，我又满怀希望背起行囊开始新一天的征程”。

2002 年，唐鹊拥有了一片属于自己的现代化农业园区，她开始大胆尝试种植业与养殖业有机结合的新模式。然而创业过程并非总是一帆风顺，2005 年禽流感、2017 年的意外事故、2018 年非洲猪瘟、2020 年新冠肺炎疫情以及现在依然发愁的融资都成为“绊脚石”，但不管遇到多少个低迷的周期，唐鹊始终没有放弃自己的选择，顽强地挺了过来，满怀希望踏上新的征程。

如今生态农业模式早已上升为国家战略，唐鹊的养猪场年出栏万余头猪，生态园区也扩建至500亩，配套设施完善。她的员工上下班都有车接送，员工也愿意统一着装站到城市社区，宣传自己的优质农产品，为自己的企业代言。

30年风雨兼程，唐鹊用顽强拼搏的不懈奋斗，谱写新时代职业农民的华美乐章。

03/

尽管路途艰辛坎坷，但在洒满汗水和泪水的创业路上，她更坚定如初。如今，她正勇往前行。

回忆起跨进中国劳动关系学院的校门，成为劳模学院的一名大学生的那一刻，唐鹊依然难掩激动。“来到劳模学院最重要的是更认清了自己。习近平总书记在回信中强调‘劳动最光荣、劳动最崇高、劳动最伟大、劳动最美丽’，我深受鼓舞，感悟很深。从入校的免费体检、外出教学实践的热情接待，和学校大学生交流被尊

唐鹊参加中工模范品牌工程——匠心严选展示活动

唐鹊（前排左一）在劳模学院的课堂上学习

敬的目光中都能感受到，劳模是领头雁，更应踏实苦干，所以我要珍惜荣誉，不能给劳模群体抹黑。”

校园里老师的谆谆教诲、学院的关心体贴、同学之间的互帮互助都让唐鹊感到犹如家一样的温暖。

“王振洲同学在研究我们基地可以运用的水肥一体化、通风全自动技术，我还加入了农业同学群，我们经常探讨农产品以及怎样以更好的方式运到城市。”在互相切磋中，唐鹊有了新的想法。

对未来，唐鹊满怀憧憬：“我要培养一批有文化、懂技术、会管理、善经营的新型职业农民，加强员工实训培训；成立工会，工会主席要从员工中产生；做强锦州乡村振兴巾帼示范基地，使更多的农民兄弟姐妹们过上更加富足的生活；转型传统农业，降低劳动成本，真正实现绿色环保、绿色循环。”

“如果有机会，把儿子也送到咱劳模学院。”她笑着补充道。

人们常常高估几天或几周的力量，却低估几年或者几十年的力量。专注于“30年只做一件事”，是的，她做到了。

王旭

让每一个焊件都成为艺术品

干一行，爱一行。爱一行，精一行。

王旭

1986 年生，山西朔州人，山西中煤平朔集团有限公司高级技师。曾获“中央企业技术能手”“中央企业青年岗位能手”等称号。中国劳动关系学院劳模学院 2020 级学生。

01／“能做得更好我就把它做得更好，有多大的能力我都会全部奉献给这个岗位。”

2010 年，王旭进入山西中煤平朔集团有限公司洗选中心，全面负责单位的电焊、机修、操作大型机械等工作。

王旭经常挂在嘴边的一句话就是：“能做得更好我就把它做得更好，有多大的能力我都全部奉献给这个岗位。”他刻苦钻研专业知识，勇于攻克技术难题，对于工作，他总能提出独特的见解。

2017 年，王旭参与研制选煤厂输送带卷带机的发明工作，提出采用变频电机为动力，巧妙利用多组托辊完成卷带工作的缠、卷、规整三部曲，再搭配万向轮满足不同地形的使用要求，实现了废旧皮带的高效回收，践行了企业“降本增效，节约成本”的发展理念。

为储备优秀的人才力量，王旭积极组织开展技术革新活动，营造技术创新氛围。“将知识和技术无私地传递给更多的人，让更多的人受益。”王旭始终认为，传承的力量是无穷的。

02／在他的眼里，每一个焊接件都是一件艺术品，需要精雕细琢。

在焊接作业时，王旭高度投入。大多数时候，作业现场条件差，空间狭小，他在进行焊接工作时，或站或仰或卧或蹲或趴，克服重重困难，力求完美。

最终，经他焊接过的每一个零部件都经受住了时间的考验。王旭也从最初的焊接门外汉逐渐成长为一名焊接全能手，具备了过硬的焊接本领，熟练掌握了焊条电弧焊、气焊、MIG 焊、TIG 氩弧焊以及 90T、200T 吊车的使用等技术。

王旭喜欢别人来找他探讨焊接中的各种问题。他说：“谁来问我，和我交流，我打心眼里高兴。起码人家在关注焊接，我很乐意和他们一起攻克难题，这让我感

1/2

1 王旭（右二）在单位开展电焊理论培训

2 王旭在焊接现场

觉焊接事业在延续。”

03 “这里到处弥漫着青春的气息，充满了生机和活力。”

“参加工作 10 年后，以一个‘社会人’的身份再一次进入大学，来到中国劳动关系学院劳模学院学习，可以说是耳目一新。”进入校园后，王旭很快就适应了大学生活。课堂上、校园里总能看到他勤奋的身影。他把工作中刻苦钻研的劲头带到了学校学习中，并在学期末获得了劳模学院“优秀学生”和“优秀班干部”荣誉称号。

“这里到处弥漫着青春的气息，充满了生机和活力。在这里，我学到很多专业知识，如企业文化、人力资源管理以及法学与经济学基础，弥补了之前在理论知识上的短板。我还认识了很多优秀的劳模同学，聆听和学习他们的成长奋斗故事，受到了很多鼓舞和启发”。

谈到学习给他带来的变化，他说道：“和以前最不一样的就是对自己的人生更有规划了，能够更加严格地要求自己，我喜欢这样的学习生活！”

校园承载着一个劳模群体共同的期望，凝聚着他们无数的美好瞬间。王旭说，在未来，他将把学习的习惯保持下去，继续发挥技师的技术优势及“传、帮、带”作用，培养更多的创新型人才。只有这样，才不会被时代抛弃。

王振洲

饮水思源的工业自动化技术“传授者”

做人就像蜡烛一样，有一分热，
发一分光，给人以光明、温暖。

王振洲

1971 年生，吉林白城人，中共党员，曾任吉林公益源有机食品有限公司自动化工程师、白城永固连杆总成有限公司副总工程师。曾获“全国劳动模范”“吉林省首席技师”“吉林省优秀共产党员标兵”等称号。中国劳动关系学院劳模学院 2020 级学生。

01 / 他是一名被破格提拔的自动化工程师，自学成才，为企业进行了全面的自动化改造，使公司生产得到保障。

王振洲，出生在吉林省双辽市的一个农民家庭。从小家境贫寒加之父亲一直卧病在床，他在半工半读的情况下才勉强读完了中学。辍学后的他就代替卧床的父亲，肩负起家庭的重担。1991 年，王振洲来到吉林油田洮河农场，在那里找到了第一份工作——设备修理。在工作中，他通过多种方式不断学习，渐渐地，从学徒工变成了公司骨干。

在改革开放的浪潮下，王振洲几经周折，成为吉林公益源有机食品有限公司的一名电工。当公司设备出现问题导致生产无法正常进行时，他主动请缨，利用多年自学而来的自动化知识，为企业进行了全面的自动化改造，使公司生产得到保障，他也因此被破格提升为自动化工程师。

王振洲在检修设备

王振洲在大学课堂上分享成长历程

02／ 从工程师到讲师，将知识不断地传承。通过发挥劳模“传、帮、带”作用，为助推国家工业自动化发展添一份力量。

在取得一系列成绩之后，王振洲深刻地认识到，工业自动化是国家制造业转型升级的重要环节，它的发展需要千千万万个从业者的努力。如何把自己多年在工作和学习当中得到的知识传承下去，从而发挥更大的作用呢？他决定录制工业自动化的视频教程，将自己的知识向大家分享，让更多的自学者少走一些弯路。

就是这样一个不善言谈的人成了一名讲师。总结课程的目录、制作课件、制作教具、寻找案例、模块分解，每一件事他都是亲力亲为，在磕磕绊绊中坚持了5年。他录制的西门子S7-200与S7-1200系列教程视频，受到网友的广泛好评，也为自学无门的人提供了一个新的学习途径。直到今天，他依然在网络上为学员答疑解惑，和更多的人分享自己的知识和经验。

03/ 从讲师到学生，每一次身份的转变都是一段全新的开始，也带给了自己更多的收获和惊喜。

2020 年，王振洲获得了人生当中来之不易的机会，多年自学的他，终于成为中国劳动关系学院劳模学院的学生，圆了他的大学梦。同年 9 月，王振洲踏入了大学的校园。

第一堂课，老师让大家做自我介绍，并简单地介绍一下自己的职业。这一点，王振洲就比较特殊了，他不仅是一名工程师，还是一名“老师”。就是这一个简短的介绍，让王振洲得到了应用技术学院领导的关注，他自学成才的经历是非常有价值的。因此，他受邀为该学院的大学生进行一次演讲，向年轻的大学生们传递刻苦钻研、积极向上的精神。

王振洲说：“我从来没想过自己有一天还能走进大学的校园，从一个默默无闻的一线工人，到中国劳动关系学院的一名学生，还能有机会走上讲台与大学生交流，我的人生经历也就此升华。”在这里，王振洲不仅受到了良好的教育，学习了新的知识，也得到了展示自我的机会，遇见了更好的自己。

肖永湖

装机“状元”

平凡的岗位，平凡的我。持之以恒做好手中的每一件事，就是献给自己最大的荣誉。

肖永湖

1976 年生，四川成都人，中共党员，云天化集团云南磷化集团有限公司昆阳磷矿产品加工运输中心装机班副班长，矿山装载机操作实训总教练。曾获“云南省劳动模范”“全国能源化学地质系统大国工匠”等称号。中国劳动关系学院劳模学院 2020 级学生。

01 / 他曾是一名军人，转业回到矿山的他通过不断学习，在装载机操作方面取得了优异成绩。

23 岁的肖永湖从部队转业回到矿山，成了一名装载机操作员。

上班第一天，他紧跟在师傅后边，一点一滴、一招一式地学，1 个月后学会操作装载机，2 个月后独立装车。但他不满足于此，仍旧精益求精，把装载机操作得就像用自己的手一样灵活。现在的他能开着装载机跳舞，也能用装载机点燃鞭炮，更能在装载机上用一根直径 5 毫米的钢针穿直径只有 6 毫米的螺母，而且用时不到 20 秒。工作中，他是啃硬骨头的 NO.1。只要有困难，他总能最有效地把问题解决掉。于是，他练就了一身精湛的技艺，用自身证明了工人也能有不一样的作为。

肖永湖（中）帮助解决实际操作中遇到的难点难题

02/ 从普通工人到获得技能大赛上的全国总冠军，肖永湖一路走来，成就他的是不懈努力和谦虚谨慎。

“机会总是留给有准备的人。”2011 年 11 月，肖永湖在云天化集团举办的第二届矿山挖掘设备技能比赛中崭露头角，荣获第一名。但这对于肖永湖来说，只是个开始。

2013 年在首届全国土方机械操作技能大赛上，肖永湖以稳定的心理和熟练的技能获得了全国总冠军，充分证明了他在行业装载机驾驶中的翘楚地位。

载誉归来的肖永湖，作为装载机实训基地操作技术总教练，负责教授实操培训课程。他每月组织装机操作人员开展一次装载机操作技能交流，解答工友遇到的技术难题，指导提升专业技能，着力培育政治素质和业务技能“双过硬”的一流操作技能人才队伍。

肖永湖（右）为徒弟现场讲解比赛项目的操作要领

03/ 持之以恒的努力和孜孜不倦的追求，成就了肖永湖的装载机人生。而未来的路，更需要知识的装点……

进入劳模学院学习，对于肖永湖来讲又是一番不一样的体验。

“圆梦大学是我心底多年来的梦想，作为一名普通装载机司机，能够在平凡岗位上工作了 25 年后，来到中国劳动关系学院劳模学院学习深造，我觉得自己是如此幸运。”肖永湖非常珍惜在劳模学院学习的时光，由于学习基础不太好，课程学习起来有难度，他经常上网查资料，主动向老师和同学请教，努力使自己跟上老师的课程安排。

在学校里，他学到了以往从未接触过的知识，如计算机基础、提升产业工人队伍素质、推动制造业发展等相关理论知识。

谈起在学校学习的感受，他用最朴实的语言说：“我一定会努力学习，不断提升自己的综合素质，为我们的企业发展和国家建设贡献力量”。

杨波

点亮人生

人生的高度，是靠自信和坚守撑起来的，经历了一定的苦，就会遇见美好！

杨波

1969 年生，重庆人，中共党员，重庆建工安装集团第四分公司副总经理。国务院政府特殊津贴获得者，国家级技能大师工作室领衔人，曾获“全国劳动模范”“全国技术能手”等称号。中国劳动关系学院劳模学院 2020 级学生。

01/ 一把焊枪稳稳地拿在手里，一顶焊接面罩扣在脸上，这副打扮，已经陪伴他走过了 34 个春夏秋冬。

杨波是来自重庆建工安装集团的一名焊接高级技师。1986 年 11 月，他以全县第一名的成绩被招录到一家扶贫施工企业从事焊接工作，也从此走上焊接这条路。“一把焊枪稳稳地拿在手里，一顶焊接面罩扣在脸上。”这是很多人对他的印象。谈起他的工作技巧，他总结出 8 字心得——“眼到、手到、口到、心到”。正是这“四到”的工作方法才让他成长为一名大国工匠，在平凡中非凡，在尽头处超越，从初出茅庐的焊接小子，逐渐成长为焊接技术的领头人，并用手中的焊枪点亮了工匠人生。

02/ 杨波说，择一业，终一生，未来的路还很长，他将坚持奋战在焊花璀璨的世界里，用汗水与付出、拼搏与毅力浇灌梦想之花。

34 年执着追求，34 载匠心逐梦。作为一名从事技术工作的带头人，杨波对手工电弧焊、氩弧焊、埋弧焊、二氧化碳气体保护焊、立向下焊、熔化极惰性气体保护焊等 10 余大项焊接技术十分娴熟，考取的压力容器、压力管道焊工合格证近百项，取得了世界七大船级社颁发的资格证。他曾一次性焊接 2578 个焊件或部位，焊口合格率 100%。

在 30 余年的工作中，他攻克多项技术难关，发表科研论文数十篇，获得国家专利、QC 等几十项。这些成果直接为企业降本增效约 4000 万元。如今他还身兼 3 个技能大师工作室领衔人，承担起了培养高技能人才的重任。

03/ 每一个努力学习、勤奋工作、热爱生活、积极向上的人，都值得被人尊重！

1/2

1 杨波在施工现场电焊作业

2 杨波（左三）与创新工作室成员进行技术讨论

大学的殿堂是杨波一直向往的神圣地方。2020 年 3 月，他终于得偿所愿，收到了中国劳动关系学院劳模学院的录取通知书。

入学以来，他一直担任 2020 级人力资源高起本班的班长，对待班级事务尽心尽力，出色地完成了老师交给的每一项工作。

在校期间，作为一名全国劳模，他也一直发挥着自身的引领作用，报名参加了劳模宣讲团，为大学生宣讲劳模精神、劳动精神、工匠精神。他学业忙碌时期也是职业生涯转型的关键时期，杨波选择走进校园，于他而言实属不易，但他依旧把学习任务完成得相当出色。

当谈起在学校的这段日子，杨波的脸上洋溢着笑容。他说自己是幸运的，他从没有想过在这个年纪可以再做回学生，还可以在大学的校园里实现年少的梦。和来自五湖四海的同学学习和交流，学习同学们身上闪光的品质，了解不同的地域文化，这些对于他来说都是十分珍贵的。

“每一个努力学习、勤奋工作、热爱生活、积极向上的人，都值得被人尊重！”这是大学生活给予杨波的人生感悟。

张旺

做最美的环保创客

成功不是将来才有的，而是从决定去做的那一刻起，持续累积而成。

张旺

1987 年生，山西太原人，山西意佳巨美环境科技有限公司总经理、环境工程工程师。曾获“山西省劳动模范”“山西省五四青年奖章”等称号和荣誉。中国劳动关系学院劳模学院 2020 级学生。

01 / 年轻人，出去闯！

2010 年，走出大学校园的张旺有了出去闯事业的念头。他没有选择父亲为他安排的安稳工作，而是选择只身一人，外出打工。

2012 年，国家大力扶持并推动环保产业发展。张旺经过一番市场考察，发现其中蕴含着巨大商机。他放弃了外地丰厚的薪资待遇，回到家乡，帮助父亲打理公司，并说服父亲从传统产业转型升级到自己熟悉并有发展前景的环保工程。

企业刚转型时，只有张旺一个“光杆司令”。他既是采购员、推销员，又是生产工人和货物搬运工。张旺常常为了接一个单子，四处奔波，好不容易有了订单，还得自己生产。

没有人手，张旺就自己干。

张旺从客户需求的角度出发，在生产中不断摸索，研发各类产品及其配件。他

张旺（前排左一）参加学校扶贫活动

张旺在中国劳动关系学院校园内

致力于利用现代科研技术对传统生产制造工艺进行传承和创新，建成了多条业内领先的全自动流水式冲压生产线。

靠着脚踏实地、技术创新，张旺赢来了丰厚的回报，产品销路进一步拓宽。截至 2021 年初，公司实现营业收入 8000 余万元。以张旺命名的省级职工创新工作室，共完成创新成果 20 余项，其中获得国家发明专利 1 项、实用新型专利 12 项、外观专利 2 项。企业先后被评为山西省高新技术企业，山西省“专、精、特、新”企业。

02／ 小信成则大信立。

“一个企业的发展，不仅靠过硬的产品质量，信誉也是一个企业的立足之本。没有了信誉，等于没有了一切。”

张旺认为，企业能有今天的发展，不仅取决于其精湛的生产技术，更得益于企业诚实守信的优良品质。

他一直记得创业初期有一次“保质保量如期完成”的特别承诺。当时项目工期紧、任务重、责任大，业主要求在 15 天之内完成环保施工建设，否则可能会造成重大责任事故。而在开工时，他发现材料供应商的产品有小的瑕疵。未待业主发话，他即刻要求全部更换。“退换来回就要六七天，能如期完成吗？”业主提出了疑问。但承诺的事情就要做到，张旺带领团队，24 小时轮番上阵，终于按时保质地完成了工程建设。

此后，他为确保产品符合高质量标准，引进成套科研检测设备，并严格把控原材料的选用，每项产品都必须通过风洞风压测试。

经营中，他每个季度都让企业员工参加一次职业道德、服务顾客等方面的培训。他自觉广纳顾客意见，接受社会各界的监督和建议。严格的管理赢得了供货商和项目方的信任。他的施工工程多次被业主评价为“免检工程”。

03/ 人的一生，要不懈追求，才更有意义。

2020 年，已经有了本科学历的张旺选择来到中国劳动关系学院劳模学院学习深造。对他来说，这里不仅是一个高等学府，更是劳动模范集萃的殿堂。这里凝聚了知识的财富，汇集了劳模的能量。

重返校园成为学生，张旺一开始觉得似乎被束缚了。不过，步入校园后，张旺很快进入状态，成了一位名副其实的好学生。他积极参加学院组织的各种教学和实践活动。张旺说：“在劳模学院，我获得的不仅是学校老师手把手耐心教导的文化知识，我的社交面也更加丰富了。我认识了全国这么多优秀的劳模同学，从他们身上看到了很多的优点。在劳模学院收获的那种荣誉感和幸福感是无法用语言来表达的。”

“我一定要学以致用，从产品的研发及制作去找突破，继续抓亮点、搞创新，不断创造更加完美的生产及制作工艺，为建设美丽中国贡献力量。”

赵洪伟

从草根创客到专业团队

对于一个有着坚强意志的人来说，任何困难都只不过是前进道路上的绊脚石。甩开膀子，抡起铁锹，把这一块块绊脚石变成铺路石，开辟出通往前方的道路。

赵洪伟

1976 年生，河南洛阳人，中国铁路郑州局集团有限公司洛阳供电段洛阳变电检修车间试验班工长、电气试验工工人技师。曾获“河南省劳动模范”“河南省五一劳动奖章”等称号和荣誉。中国劳动关系学院劳模学院 2020 级学生。

01

赵洪伟是一个爱学习、爱钻研、爱较真的人。大到安装几吨重的自用变压器，小到端子排安装、接线、校线，经他手接过、校过的线几万根无一差错、无一故障。

45 岁的赵洪伟，还有着年轻小伙子一样的热情和干劲儿。众所周知，他爱较真。在被集团公司命名的“洪伟劳模创新工作室”里展示的多项技术革新样品，基本都是他“较真”出来的成果。

郑西高铁牵引变电所 GIS 高压柜中的三工位隔离开关故障不断，成为高铁安全畅通的巨大隐患。对此，生产厂家也束手无策，赵洪伟却带领劳模创新工作室开展了技术攻关。通过反复试验，最终发现使用 13 毫米的固定螺栓时，微动开关的通断精准度是最高的。于是他们通报给厂家，经专家测试鉴定，厂家认可了这一攻关成果，并为高铁全线变电所免费提供了更为合适的新螺栓。第二年隔离开关拒动故障发生率降低了 76%，节约抢修费用支出 9 万余元。

近年来，根据工作需要，他先后参加了单位管内 3 个变电所新建，22 个变电所、4 个分区所和 4 个配电所的大修改造工作，多次担任施工队长和技术员，每次都高标准、高质量地按期完成施工任务。

由于多次发现并处理危及供电安全的重大设备隐患，他被郑州铁路局表彰命名为“安全功臣”。

02

从个体创新到众人创新，从草根创客到专业团队，洪伟劳模创新工作室犹如一盏明灯，点亮创新之光，照亮兴段之路。

创新之道，唯在得人。长期以来，赵洪伟以劳模创新工作室为载体，充分发挥“教绝招、传技能、带高徒”的作用，在带徒授艺方面言传身教、毫无保留。他带领团队把“人人争做能工巧匠、个个成为创新达人”作为自己的座右铭，许多小技巧、小改造、小革新、小发明在生产现场应运而生，降低了劳动强度，提升了工作

1/2

1　赵洪伟（左二）带徒授艺

2　赵洪伟在钻研生产难题

效率，确保了施工质量。他的徒弟多次参加集团公司、集团总公司技术比武，并取得优异成绩，成为公司的技术骨干。

一件事，一群人，一条心，一起拼，一定赢。

在赵洪伟的带领下，劳模创新工作室围绕供电安全生产中的疑难问题努力攻关，共取得 20 多项成果，先后解决了高铁变电所三工位隔离开关拒动故障、高铁配电所保护装置通信传输不稳定等难题，研发了接触网避雷器带电测试仪、真空泡试验台、无人变电所亭远动通信状态监控装置，为企业节约了成本。2018 年底，“洪伟劳模创新工作室”被中华全国铁路总工会授予“火车头劳模和工匠人才创新工作室”称号。

劳模精神，薪火相传。创新的种子，正以团队协作为养分，在”洪伟劳模创新工作室“茁壮成长，开花结果。

03 大学，是多少人向往的地方，是多少人梦想的摇篮……

赵洪伟经常戴着方框眼镜眯着眼睛，总给人以知识分子的感觉。但实则技校毕业的赵洪伟，深觉自己在理论知识上有所欠缺。进高等学府深造，是他一直以来的梦想。

2019 年，从接到中国劳动关系学院的录取通知书，到正式成为劳模学院的学生，他心里激动万分，同时也十分珍惜这个来之不易的学习机会。踏入校园的第一天，他就告诉自己：放下过去的荣誉和光环，把自己扎进土里，像一颗种子努力汲取养分，重新生根发芽。

大学校园就像是一个大家庭，在这里可以暂时忘记寻常日子里的柴米油盐，暂时忘记工作中的坎坎坷坷……大家一起学习、娱乐，互相帮助。上课时，他静静地聆听老师认真的讲解。在这里学习的每个人都在慢慢地成长，慢慢地充实着自己。

学校让他成长，读书让他快乐。他暗下决心：回到工作中，他会更加努力，更加勤奋，不负光阴，不负时代。

周宏祖

在 0.03 毫米的漆面上“较真”

用心坚守，把平凡的工作做到了极致，就是不平凡。毫厘之间，是独属于喷漆技师的天地。

周宏祖

1991 年生，黑龙江哈尔滨人，中共党员，海南合众汽车销售服务有限公司售后钣喷技师。曾获“南海工匠”“全国五一劳动奖章”等称号和荣誉。中国劳动关系学院劳模学院 2020 级学生。

01

0.03 毫米，一根头发丝直径的 1/5，却是一辆轿车最薄的漆面厚度。高温下的烤漆房，被汗水浸湿的衣衫，他的工作，就是每天重复实践这 0.03 毫米。

2007 年，周宏祖初中毕业，从黑龙江老家来到海南谋生。两年后，他被学校推荐进入汽车销售公司售后服务部工作。为提升技术，周宏祖每天在 40 摄氏度到 60 摄氏度的烤房中加班加点练习喷涂技术。“看着额头没有汗，但是里面衣服已经湿透了。”周宏祖笑着说。

为保证喷漆过程的稳定性，周宏祖还在手臂绑上沙袋练习，增加手执喷枪的稳定性。

在汽车喷涂作业中，颜色的差别，无法用语言形容，也无法量化，需要经过长期的色彩感觉训练和经验积累。为此，周宏祖利用课余时间报了油画班，专门学习色彩的调配。

干一行、爱一行，这是周宏祖的信念；做一行、精一行，这是周宏祖的追求。

02

“接受更好的教育，是对我人生的一次‘充电’，从烤漆房到更广阔的天地，我迈出了第一步，也是最重要的一步。”

2020 年，周宏祖暂别坚守 10 多年的烤漆房，进入中国劳动关系学院劳模学院，重新成为一名大学生，和来自全国各地的劳模同学们一起学习。

在学习的过程中，周宏祖受益良多。不同于在烤漆房苦练技巧的技能训练，他不仅开阔了视野，而且在自己的专业方面有了独到的见解和看法。

在参加了中国劳动关系学院劳模创新工作室论坛之后，周宏祖深刻认识到了自己的不足，并明确了今后的努力方向。他意识到，作为一名高级技工，要真正引领技术、带领团队是非常不容易的。要让更多的劳动者成为知识型、技能型和创新型人才，需要付出巨大的努力。

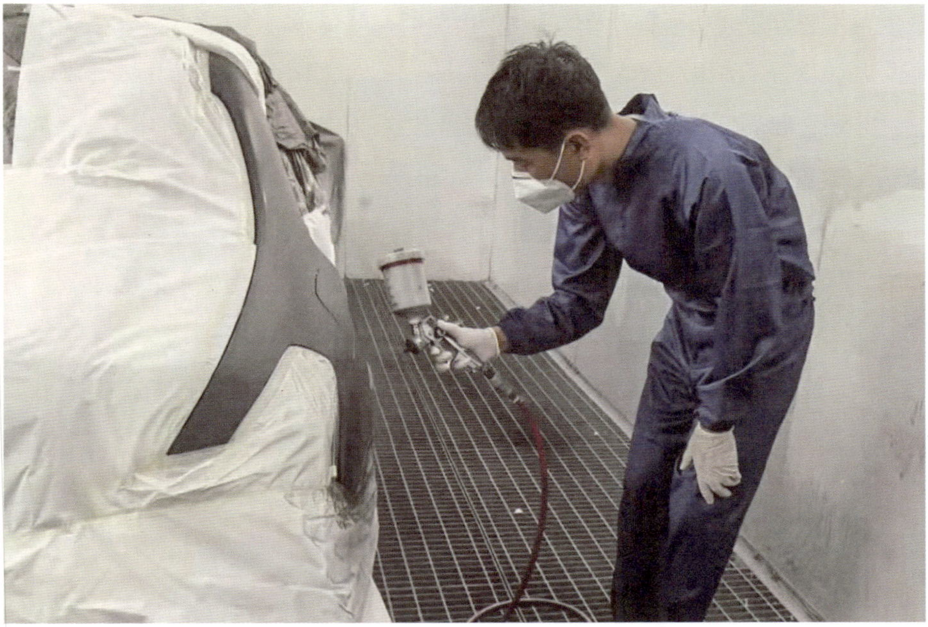

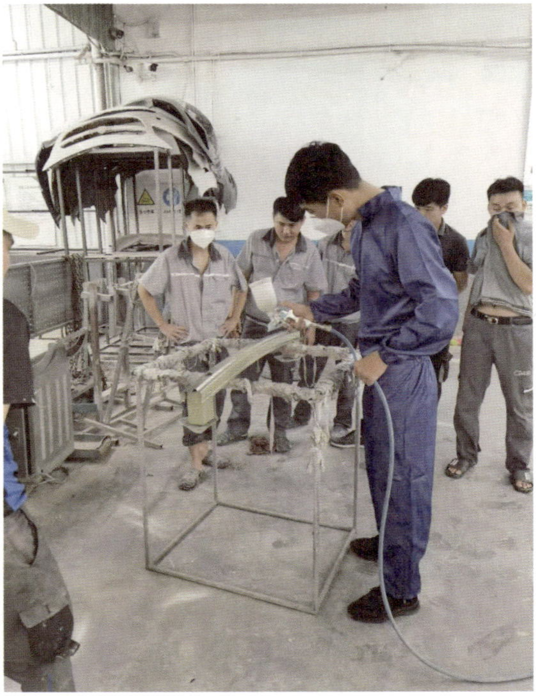

1/2

1　周宏祖手执喷枪

2　周宏祖（前）在传授技术

周宏祖立足海南省着力发展新能源汽车的良好态势，在入选第二批“南海工匠”后，获得了省里发放的 30 万元人才补贴。他向海南省人才部门提交了高层次人才申请，准备在海南筹建工作室，通过自己学到的方法帮助更多的学子，磨炼技能，为更多的有志青年带来曙光。

03／“只有秉持一颗匠心才能服务于社会，改变未来生活。”

“在被授予全国五一劳动奖章之后，我更加清晰地认识到我身上的责任，我要把我所有的力量都献给社会。”周宏祖说。

在 10 多年的工作实践中，他创新地将溶剂型油漆更换为水性漆喷涂。改造溶剂型油漆专用烘干设备的改造，完美处理水性漆接口等。他凭借着“漆过无痕”的高超技艺，赢得了广大客户的称赞。

周宏祖打算进一步筹建技能大师工作室，通过“传、帮、带”的方式，为海南汽修事业培养更多高技能人才。

白春

百炼方能成钢

心心在一艺，其艺必工。

心心在一职，其职必举。

白春

1977 年生，山东淄博人，中共党员，中国铁路济南局集团公司首席技师。曾获“全国五一劳动奖章”“铁道部技术能手”“火车头奖章”等荣誉和称号。中国劳动关系学院劳模学院 2020 级学生。

01

“不少走一步，不少敲一锤，不少看一眼，不少说一句”这是白春在检车过程中坚持的原则。他觉得做好这件事没有什么秘诀，就是要用心，要踏实……

1996 年，18 岁的白春从济南铁路司机学校毕业，本想从当火车司机开始他的铁路职工生涯，却被阴差阳错地分配到济南西车辆段，成为一名货车检车员。为了提高自己的检车技能，他制订了“三步走”的学习计划：规章制度烂于胸，虚心求教取真经，现场实践练硬功。他在检车中坚持“不少走一步，不少敲一锤，不少看一眼，不少说一句”，绝不简化作业过程，以一丝不苟的精神完成每辆车的检车任务。为尽快掌握检车要领，他将列检作业现场当课堂，将车辆频发故障当案例，经常利用白天休班时间，一个人跑到练功场一招一式地练，每个动作、每个技巧少则几十次，多则上百遍，以致手指磨出厚厚的老茧，练得腰酸背痛。功夫不负有心

白春严格要求自己，练就过硬检车技能

白春（左二）在现场检车

人，白春工作以来连续安全检车 30 余万辆，发现车辆典型故障 900 余件，成为同行业中的佼佼者。

02／

沉稳笃定、不善言谈的白春遇到困难时，最大的特点就是不急不躁，冷静观察，想解决办法。他认为，检车工作其实也是有思想的工作，要探索，要创新，才可以走得更远。

经过刻苦学习和不懈努力，白春的检车技能得到迅速提升，但他认为自己可以做得更好。为适应铁路跨越式发展需要，他自学专业书籍，丰富自己的理论功底。他的更衣橱里有一摞小册子，上面密密麻麻记录着自己与同事发现的各类典型故障案例。通过对这些故障的分析，白春总结发现故障的规律，并提炼出了“一听二看三敲打，另外再加摸和爬”的 14 字安全检车技法。这套技法在各个车间得到了推广，并被写进了段优秀检车工作法手册。白春还总结出货车钩尾扁销“看、敲、晃、摸、辨”等故障判断方法，防止了多起车辆事故的发生。2016 年，他设立了

“白春劳模创新工作室”，和团队成员们一起研制、创新、改造各类工装十余项，提高了货车车辆的安全可靠性和使用效率。“白师傅话不多，人很和善，工作的时候特别严肃，特别认真。”他的徒弟评价道。学技术先要学做人，只有这样才能创造更多的价值，这是白春的坚持。

03/ 心向往，行所至。白春没有止步于所取得的成绩，而是向着心中所期许的方向继续前行，他对人生又作出新的规划……

2020 年春节前，白春接到了中国劳动关系学院劳模学院的入学通知书，激动的心情溢于言表。入学后，在听到老师说他们是学校成立劳模学院后的第一届学生时，白春在喜悦和骄傲的同时，也感到责任和压力。为了尽快适应大学生活，他给自己制订了严格的学习计划，每天必须完成。白春最喜欢上语文课。他记得有一次上课，老师与他们分享了国学大师钱穆的经典之谈——“古往今来有大成就者，诀窍无他，都是能人肯下笨劲。”这句话深深地激励着白春，他要进行苦行僧般的修炼，在专业学习里找方法、找思路。沉浸在知识的海洋里，白春深感其中的博大精深。大学的学习与生活，也使他更加有自信，有成就感。

时光荏苒，无数的心血和汗水变成一种执着与坚守。他越来越热爱自己的工作，希望通过不断创新，贡献自己的力量。

是的，对于白春来说，梦想不止，那份初心依然在……

董成明

始于细微

每个人都要敬畏工作。在工作中如果能用心琢磨一件事，并把它做到极致，便终将成就梦想。

董成明

1976 年生，贵州贵阳人，贵州省机场集团股份有限公司航站区管理部运行资源室中级技师。曾获“贵州省劳动模范”“贵州省优秀共产党员”等称号。中国劳动关系学院劳模学院 2020 级学生。

01 / 他被同事称为贵阳机场的“机器人”。

1999 年，董成明通过招聘成为贵州机场集团有限公司的一名普通员工。

他勤奋好学，虚心向师傅求教。不到 2 年的时间，他就掌握了 10 千伏高压外线检修及架设等特种设备的运行维护技能，成了动力用电科最年轻的小师傅。

2005 年，董成明竞聘上了航站区管理部维修队队长。在新的工作环境中，他迅速厘清思路并找到自己努力的方向。在边干边学的基础上，他利用业余时间，学习电子技术、集成电路等专业维修技术，不仅解决了一个又一个工作难题，也为后来完成贵阳机场航站楼中央空调远程控制改造奠定了基础。

董成明干什么事，都爱从细微处思考。

以前航站楼建设的资料几乎都是纸质版的图纸资料。经历无数次地翻阅，让原始纸质图纸变得破烂不堪，给工作带来了诸多不便。于是他下定决心重新绘制图纸，最终历时整整 2 年，他独自完成了一套航站楼电子版图纸的绘制，为贵阳机场航站楼各运行板块提供了有力保障，他也因此被同事称赞为贵阳机场的“机器人”和“活地图”。

02 / 他说，一个人的力量太渺小。只有更多的人学会从细微处解决问题，才能真正汇聚起革新技术的力量。

2011 年，贵阳机场的发展步入新的历史阶段。董成明积极挑大梁，凭借自己对业务的精通，在与建设单位的对接中提出了流程优化建议、建设问题千余条，有效地把隐患扼制在萌芽前。

面对人手少、时间紧、任务重的现状，他又开启了“机器人”般的工作模式，白天穿梭于施工现场，晚上研究制订转场方案。

在贵阳机场旅客流动较密集的航站楼内，旅客饮水的卫生安全成了人们关注的焦点。董成明带领创新工作室成员，结合日常的保障需求，进行服务产品的创新，定制了一款方便旅客取用饮水纸杯的取杯器。

“既便捷又卫生，满足了我们的需求。”过往旅客纷纷称赞。

在他的影响、帮助和引导下，很多员工走上了管理岗位，成为各部门的业务骨干。“董哥像家人一样关心我们、耐心指导，初入职场能遇见这样兢兢业业的前辈是莫大的幸运。”这是员工们最真切的感受。

03/ 万物皆有时，时来不可失。

不进则退，只有不断适应新时代的发展才能立足于社会。

2020 年的金秋时节，董成明再次踏上求学的征途。他通过贵州省总工会的选拔考核，终于等来了中国劳动关系学院的入学通知书，激动的心情久久难以平复。

董成明深知，机会来之不易，一定要倍加珍惜，继续发扬劳模精神，把工作中

董成明（中）给新员工讲解工作重点

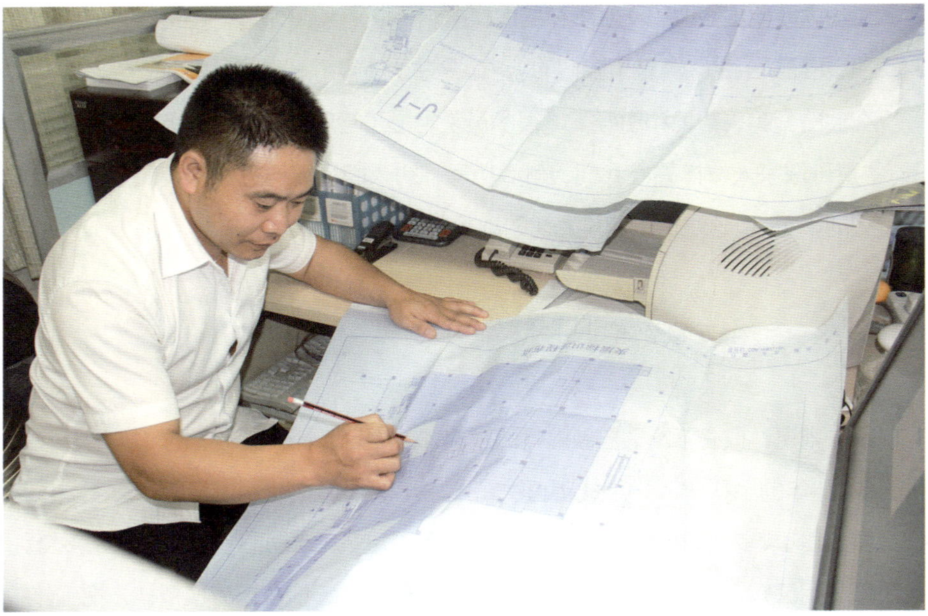

董成明在工作岗位上研究图纸

的干劲用到学习上。

他最喜欢上的一门课就是《人力资源管理》。“这门课给了我很多思考。当下，自己也有了创新工作室，我经常思考如何通过创新提高工作效率、提升企业管理水平、将企业文化建设理念扎根于基层。通过这门课的学习，我有了更多收获。”

“学院还举办了劳模创新工作室论坛，很多劳模同学分享了一些经验做法，我觉得很是受益。”

初心不改，倚梦前行。董成明说，下一步他还要探索更多的路子，让创新工作室真正成为凝聚职工爱岗敬业精神和创新思路的交流平台。

高智君

守护万家灯火

从警这些年，一路走来，我成长着、积累着、收获着、感悟着。刑警苦，但值得。因为我们的苦能为老百姓换来安宁。如果有下辈子，我还做刑警！

高智君

1979 年生，陕西榆林人，中共党员，陕西省榆阳公安分局刑警大队副大队长。被中共中央授予“全国特级优秀人民警察”称号，荣立个人二等功两次，三等功五次。中国劳动关系学院劳模学院 2020 级学生。

01 “当英雄是我从小的梦想。”满腔正义踏上刑警之路。

幼年时，高智君就热爱英雄、崇拜英雄，喜欢看战争片、警察片，梦想当一名警察。1999 年大学毕业后，高智君如愿以偿成为一名人民警察。当时，许多人对他的选择提出质疑：“当警察又辛苦又危险，况且你又不是学这个专业的，你能干好吗？要是干不好，将来后悔了怎么办？”面对种种质疑，高智君的回答简单而又有力：“当英雄是我从小的梦想，我愿当一辈子警察，无怨无悔。”

02 是他们，在善恶交锋时挺身而出；是他们，在万家灯火时默默守护。

“对一名刑警而言，无法预知下一起案件是什么，下一名案犯是谁，下一个蹲守地点在哪里。明天永远是一个未知数。”高智君参加工作后，出差、守候、追捕、

高智君（左）与同事研判案件

高智君（左一）在大学课堂学习

审查成了家常便饭。在他的柜子里，放满了全国各地的交通图，还有一个大包，里面备着基本的生活用品。高智君说："一旦接到出差任务，研究好路线，我拎着包带着案卷就能立刻出发。"

"刑警的职责是什么？是除暴安良，维护社会治安，造福一方百姓，守护万家灯火。"高智君始终没有忘记自己作为一名刑警肩负的神圣职责。在激情如火的刑警岁月里，他勘现场、摸线索、擒顽凶。他放弃了陪伴家人的时间，总是奋战在侦查、抓捕的第一线。

在 20 余年的从警生涯里，高智君先后参与了 3000 多起刑事案件的侦破工作，打击处理各类犯罪嫌疑人 2000 多名，侦破绑架案件 22 起，受害人质全部被成功解救。

03 “荣誉只代表过去，我需要学习的还有很多！”

作为一名优秀的人民警察，集众多荣誉与光环于一身的高智君始终没有放弃学习。对他而言，荣誉只代表过去，未来的路还有很长，需要通过不断努力学习来提升自我。

2018 年，高智君看到了习近平总书记给劳模本科班学员回信的报道，了解到中国劳动关系学院有一个劳模学院，于是他向当地工会咨询，了解报考途径，参加招生考试。2020 年 3 月，“英雄刑警”高智君有了一个新的身份——中国劳动关系学院劳模学院学生。

和众多劳模同学一样，高智君格外珍惜这来之不易的学习机会。新冠肺炎疫情期间他坚持线上学习，在高强度的工作状态下依然保持学习的热情。身为劳模学院的一员，高智君对劳模精神也有了新的认识和理解：对于一名人民警察来说，劳模精神就是忠于崇高的人民公安事业，坚决做到对党忠诚、服务人民、执法公正、纪律严明、矢志不渝，为维护社会安全稳定、促进社会公平正义、保障人民安居乐业而奋斗终生，无怨无悔！

格根塔那

脱贫攻坚战线上的“草原花”

我很幸运生活在这样一个美好的时代。新时代让每个人都可以成为追梦人。

格根塔那

1985 年生，内蒙古明安图镇人，自主创办内蒙古塔娜化妆品有限公司。曾获“内蒙古自治区劳动模范”称号。中国劳动关系学院劳模学院 2020 级学生。

01 / 格根塔那奋斗不已，成功创业。

格根塔那出生在一个普通牧民的家庭。由于家里无力供养三个孩子上学，她初中毕业后就辍学了。为了让弟弟和妹妹能继续上学，让父亲母亲有钱治病，格根塔那离家去城里饭店打工。店里的洗碗、收桌、上菜上饭等活儿她都干，从不喊累。好心的老板知道她有腿疾，无法长时间站立，便带她去美容院学习美容美发，这样坐着也可以工作。格根塔那白天在美容院学习，下班就去饭店帮忙，就这样逐渐进入了美容行业。

格根塔那为了提高自己的专业技术水平，实现当一名美容师的目标，在亲友们的资助下，2003 年还到呼和浩特市杨氏国际美容学校系统地学习了美容基础知识和相关技术。

2007 年，格根塔那带着自己辛苦攒下来的 2 万元钱，并贷款 4 万元，在当地开办了一家属于自己的小店——塔娜化妆品店。2011 年 5 月，塔娜化妆品店还跟正镶白旗就业局联合举办美容美体培训班，免费提供美容护理专业技术指导，帮助牧区转移进城女青年实现就业及创业。2014 年，格根塔那把旧店进行了全新改造，成立了塔娜美业有限公司。一家集美容、美发、化妆品批发零售于一体的时尚化妆美容机构在正镶白旗又一次掀起了波澜，用正规的技能、热情的服务打动消费者的心。

02 / 吃水不忘挖井人。格根塔那认为，自己创业成功，与党和政府的大力支持是分不开的，要懂得感恩，回报社会。

2007 年 6 月，塔娜化妆品店主办，旗镇两级妇联、团委等单位协办了“爱心联谊会”。格根塔那现场捐助 5 名残疾儿童每人 500 元。这项活动延续至今，已举办了 12 次，累计捐款已逾 10 万元。

在全国上下开展扶贫攻坚工作之时，格根塔那也毫不犹豫地投入这场战役中。

1/2

1　格根塔那（前排右三）助力家乡脱贫

2　格根塔那（左二）参加脱贫工作

作为国家级深度贫困县的一员，格根塔那响应党的“万企帮万村”号召，为牧民合作社农产品找市场、跑销路。2019 年 7 月，格根塔那受聘于额里图食品有限公司，出任销售经理，投身于“京蒙帮扶”工作中，以帮助更多的贫困牧民们早日脱贫致富。

03／知识就是力量。

2019 年 7 月，正在参加“京蒙帮扶”工作的格根塔那接到了内蒙古正镶白旗总工会的电话，告诉她自治区劳动模范有机会去北京上大学。上大学是格根塔那一直以来的梦想，知识能推动事业发展。她果断决定去北京上大学，接受新知识的洗礼，积蓄进一步发展的力量。

2020 年 3 月，格根塔那正式成为中国劳动关系学院劳模学院的一名学生。由于受到新冠肺炎疫情的影响，2020 级全体劳模新生采取“线上开学、线上授课”的方式。生活在牧区的格根塔那汉语水平较低，加上牧区网络信号差，常常跟不上学习进度。积极好学的她就联系任课教师，说明自己的情况，主动向老师求教，并挤出时间自学课程内容，有时还驱车数百公里到城里参加第二天的课程。老师们被这个热情执着、勤勉刻苦的草原姑娘的求知态度所打动，她也很快成为同学的榜样。

格根塔那的经历，每一步都浸透着一个牧民女孩的滴滴汗水，磨炼了她的意志。2017 年，格根塔那的奋斗故事被改编成微电影《草原花》，以此用她自主创业、诚实守信和积极参与扶贫攻坚的事迹激励更多的人。

郭秀梅

经纬穿梭
织人生

干就要干到最好，要把工作干到极致！

郭秀梅

1970 年生，山西阳城人，中共党员，曾就职于山西绿洲纺织有限责任公司。获“全国劳动模范”“纺织行业巾帼建功标兵”等称号。中国劳动关系学院劳模学院 2020 级学生。

01

“干就要干到最好，要把工作干到极致！”这是郭秀梅的永恒追求。

1986 年，因为生活条件限制，本该正常上学的郭秀梅走进了山西绿洲纺织有限责任公司，成为一名细纱挡车工。天生倔强、永不服输的郭秀梅，一进厂就将“把工作干到极致”作为自己的人生追求。她白天练操作，晚上背理论，别人睡觉她学习，别人下班她加班，就连做梦都是一根根飞速旋转的纱线。纺纱车间温度高、湿度大，她经常连水也顾不上喝，厕所顾不上去。鲜血染红了纱线，汗水浸透了衣服，但她从不叫苦喊累。

就凭着这样执着的劲头，郭秀梅很快就从同批进厂的新工中脱颖而出。10 多年里，郭秀梅几乎包揽了厂里举办的各类比赛的冠军。1999 年取得“山西省细纱挡车全能冠军”，同年被国家纺织工业局评定为“纺织行业巾帼建功标兵”；2000 年，30 岁的郭秀梅被评为了“全国劳动模范”。

郭秀梅纺织工作照

02 创新发展，传、帮、带新，劳模精神在传承中熠熠生辉。

在长期的操作实践中，郭秀梅摸索出一套属于自己的行之有效的“拇指定位操作法”，并在厂里推广，对公司提高生产工效、稳定产品质量作出了杰出贡献。20世纪90年代末，纺织行业面临大调整、大洗牌，郭秀梅全程参与了公司由“棉纺”转“麻纺”的新技术、新工艺试验。通过不懈努力，克服重重困难，她打破了麻不可纺的神话，帮助企业走出困境，走向世界。

一花独放不是春，百花齐放春满园。郭秀梅进厂不到2年，就肩负起了培训新工的重任。凡进入细纱车间的新工，全部由郭秀梅培训。她手把手教授技术，使得一批批新工很快上岗，不少还成长为技术骨干。最令她自豪的是，2015年郭秀梅的一个徒弟也获得了“全国劳动模范”的称号，受到了中共中央、国务院的表彰。劳模精神正是在这种传承中熠熠生辉！

郭秀梅（右一）参加劳模学院师生座谈会

03 “我也要去大学学习！如果真能去，该多好！”

2018 年 4 月 30 日，新闻联播第一条播放了习近平总书记给中国劳动关系学院劳模班全体学员的回信。看到新闻的郭秀梅特别激动：“我也要去大学学习！如果真能去，该多好！”习近平总书记对劳模的关爱和激励，重新燃起了郭秀梅重返大学的希望。

2020 年，郭秀梅正式成为中国劳动关系学院劳模学院的一名大学生，同来自全国各地、各行各业的劳模同学们一起学习。由于受到疫情影响，要在线上上课，这对于文化底子薄、电脑知识缺乏的郭秀梅来说，困难重重。为了跟上进度，她认真记笔记，从头学电脑，主动请教，反复钻研，努力完成作业，一节课也舍不得落下，最终受到了老师和同学的一致称赞。正如她自己所说：“重圆这个大学梦，注定又是一场攻坚战，但我将以全新的战斗姿态投身到全新的学习中去，相信一定会取得全新的成绩。对此我有信心，也有决心！”

2020 年底，郭秀梅已正式退休。她还有一个梦想，就是想凭借自己的力量，把山西阳城县的劳模、工匠组织起来，成立宣讲团，用劳模精神照亮更多人的希望……

郝卫平

幸福的奋斗者

在我看来，事业是用心干出来的，幸福是奋斗出来的。

郝卫平

1972 年生，河北衡水人，中国铁路北京局集团有限公司衡水供电段创新工作室负责人，高级技师。曾获“全国五一劳动奖章”“火车头奖章”“全国铁路劳动模范”等荣誉和称号。中国劳动关系学院劳模学院 2020 级学生。

01

在很多人看来，铁路接触网的工作枯燥无比，他却用一种坚持守护着供电安全。

2013 年，郝卫平当上了“标杆班组长”。那时，正值京九线电气化开通不久，工区经过整合，基础管理差，人员组成复杂，大部分职工缺乏接触网专业知识，班组管理难度大。

“要想给别人一碗水，自己先要有一桶水。”为此，郝卫平潜心钻研电力和接触网技术。在现场作业中，哪里最困难他就盯哪里，哪里有问题他就出现在哪里。

郝卫平常常带领大家，在深夜顶风冒雪抢修工程。有一次大雪天出任务，他的衣服、鞋子全部湿透了，雪水和汗水交织在一起。为尽快恢复供电，郝卫平带领大家干了一整夜，最终覆盖地区全部恢复供电。大家对他又多了一分敬佩和信任。

只有严明的制度和有效的管理，才能打造出一支过硬的队伍。

郝卫平结合班组自身情况，修订完善了基本管理制度，并对《接触网工区一日作业标准》《作业危险源》等制度和办法进行细化。

制度建好了，还得关注安全风险的识别、研判。作为班组长，郝卫平善于思考。用他的话说，工作就是一种修行。他本身不是天生聪慧的人，但是面对工作难题，他反复调研，想尽办法尝试。经过一番努力，他把工区易造成人身伤害的四个因素（高压电击、高空坠落、车辆伤害、物体打击）作为安全的控制关键环节。

02

一名优秀的铁路接触网工，必须像产品一样，经过锯切、打磨等各个程序，才会融入自己的“匠心”。

2018 年，衡水供电段成立了郝卫平创新工作室。郝卫平带领着他的团队进行科技攻关活动，有了更广阔的舞台。

为挖掘深藏于职工作业中的难题，他到作业现场调研，聚焦一线，与专业技术科室、车间交流沟通，选拔专业技术人才成立课题小组，从而确保铁路供电安全。

郝卫平在工作室潜心研究

在同事的眼中，郝卫平正是因为有着一颗“不安分”的心，才能始终在工作中探寻出新方法。

他发现，铁路沿线设备的固定螺栓长期暴露在空气中，容易生锈和腐蚀，现场维护检修工作量很大。针对这一问题，他带领工作室成员，反复设计琢磨。无论是吃饭、走路还是休息，他脑子里考虑的都是如何进行螺栓改进的事情。

几经尝试，工作室终于研发出注油式螺栓防护套。独特的注油口设计，能够适应不同环境温度的要求，做到了安装后免维护。这样就减少了上线作业次数，降低了职工劳动强度。

因为善于创新，很多同事打心眼里佩服他。

03/ “我身边的同学几乎都是劳动模范、大国工匠。每当听到别人的故事，我的感触就会很深……”

2020 年 3 月，郝卫平来到中国劳动关系学院劳模学院，正式成为一名劳模学院的大学生。

离开校园生活已多年，但他的内心深处还是激动不已。虽然学校开设的一些课

郝卫平在现场作业

程令他学起来比较吃力，但郝卫平特别珍惜这次学习机会，买了很多专业书籍，用阅读来填补自身的不足。

郝卫平说，书看多了，看熟了，脑子里就会形成一种思维方法，有助于帮助自己发现日常生产中的问题。

在郝卫平的带动下，大学宿舍里其他的劳模舍友也都看起了专业书。有时大家还会聚在一起，举办宿舍学习经验分享会，你一言，我一语，聊得不亦乐乎。

郝卫平记了好多笔记，密密麻麻的，有时他会把自己对知识的理解与思考也写在笔记里。“就是不想浪费一分一秒，想抓紧学，不然心里空落落的。”他说。

“大学生活是我人生中非常重要的时期。它对我提升文化内涵、增强自身修养起着关键的作用。在劳模学院所建立起来的知识体系，为我今后的路途指明了奋斗方向。我觉得自己一直在成长，我还被评为劳模学院 2020 年度优秀学生呢！”郝卫平感触很深。

时光不负耕耘，他在心底也一直告诉自己，技术之路，永无止境。

黄久生

一腔赤诚报桑梓

在乡村振兴的第一线，在改革发展的主战场，为谱写新时代更加出彩的绚丽篇章，贡献自己的青春和力量。

黄久生

1965年生，河南信阳人，中共党员，中建七局一公司项目部经理、潢川县双柳树镇驻郑州农民工党工委书记、中共潢川县驻郑州流动党员工作委员会书记、河南省总工会兼职副主席。曾获“全国劳动模范”“全国五一劳动奖章”“全国优秀共产党员”“全国道德模范”等称号和荣誉。中国劳动关系学院劳模学院2020级学生。

01/ 无论是应邀到大学、党政机关演讲还是在企业、家乡演讲，黄久生每一次都习惯用这样一个共同的开场白和结束语——“我是吃百家饭长大的孩子”。

1983 年，18 岁的黄久生背着破旧的行囊，成为郑州一处工地上运土的小工。在外连续干了 3 年，黄久生觉得自己都不好意思回老家过年。“卖苦力不行，必须靠技术吃饭！”此后的工地岁月，黄久生做起了“有心人”，问师傅，啃书本。有一天，他干活太累了，手拿书本睡着了。蜡烛点着了书本和枕头，火苗顺势蹿起，把他的头发都烧焦了。

就这样，凭着坚韧的毅力，黄久生系统地学完了建筑专业全部函授课程，取得了平顶山工学院的大专文凭。就这样，从支模、摆线、砌砖到看图纸，从小工做到了大工，从班长变身队长，黄久生成为中建七局一公司年轻的项目部经理。

02/ 他是 700 多位孤寡老人共同的“儿子”。

为了让全镇的孤寡老人都能得到精心的赡养，2008 年，黄久生捐资 200 多万

黄久生（前排右）带领农民工复工复产

元在家乡建起了一所敬老院。入院的孤寡老人，除国家发给的补贴外，生活起居的各个方面，包括养老送终全部由黄久生个人承担。

2019 年深秋，北京天安门广场上迎来了一群特殊的游客：黄久生带着 40 位“爸妈”旅游来了！在这群特殊的游客中，平均年龄 77 岁的老人们都是第一次坐飞机，第一次到北京。听着老人们高唱《没有共产党就没有新中国》，看着他们脸上溢满幸福的笑容，黄久生感受到前所未有的满足：“大家说我是 700 多位孤寡老人共同的‘儿子’，这是对我最大的褒奖！”

03/ 滴水之恩当涌泉相报。投身脱贫攻坚，回报家乡，是他不变的初心。

2016 年，精准扶贫在全国全面展开。黄久生工地所在地的新郑市具茨山两个贫困村——大槐树村和柿树行村的 520 户村民整体搬迁。在搬迁动员大会上，260 万元现金整整齐齐地摆在主席台上，黄久生宣布资助每户 5000 元作为致富项目启动资金。

双柳树镇搞“村村通”，隆古乡修大路，慈善总会捐款……只要是造福乡亲的事，黄久生一次也不缺席，他先后为家乡和社会累计捐款 1000 多万元。让黄久生

黄久生（右二）在工地上培训农民工新冠肺炎疫情防控知识

念念不忘的，还有捐资助学。他捐资近 20 万元建起希望小学，资助 200 余名贫困学生完成学业。从 2016 年起，他每年拿出 20 万元资助贫困学生……黄久生说，不能让一个贫困孩子像他当年一样因贫辍学。

“听党话、跟党走、报党恩”是黄久生时常挂在嘴边的一句话。作为从大别山区走出的农村娃，黄久生深知，摆脱贫困只是阶段性任务，乡村振兴才是他的奋斗目标。

黄久生在家乡荒山多的地方流转 1.2 万多亩山地种油茶，与回乡创业的农民工一起成立油茶合作社，依托当地产业基础和资源优势，着力建构现代农业产业体系，为乡村振兴提供产业支撑。

04/ 他是总书记点赞的好榜样，是校园里的正能量。

他是被习近平总书记称赞的好榜样，是校园里的正能量。

2020 年 9 月，黄久生成为劳模学院的一名大学生。平时不善言谈的黄久生，在课堂上却格外活跃，总是热情参与，积极发言，还应邀参与到学校组织的各项活动中。他在学员中开展十九届五中全会辅导会，把对党的方针政策解读带到师生中来；投入学校定点扶贫工作，用自己的扶贫经历指导激励更多的人；积极参与学校和学院党建活动，将基层党建实践经验带到校园……

每一次报告会上，他的发言和汇报都情真意切、打动人心。他的经历和奋斗故事汇聚成一股能量，鼓舞和激励着身边的每一位师生。

2019 年，习近平总书记在参加全国两会河南代表团讨论时，称赞黄久生是“全国农民工的好榜样”。这对于黄久生而言是莫大的鼓舞和肯定。2021 年 2 月 25 日，全国脱贫攻坚总结表彰大会在北京人民大会堂隆重举行，黄久生荣获“全国脱贫攻坚先进个人”称号。

“作为一名农民工党员，带领身边一起务工的党员和农民工兄弟，积极投身到创业和奉献中，让乡亲们的日子过得更好！”黄久生充满希望地说。

李伯乐

带徒传技艺 慧眼识英才

创新无止境，创业践于行。一如我名字般去发现“千里马”，我要带着我的团队走得更远、更好。

李伯乐

1977 年生，陕西岐山人，中国铁路南昌局集团有限公司九江桥工段钢轨探伤高级技师。曾获“全国技术能手”“全国铁路劳动模范”等称号。中国劳动关系学院劳模学院 2020 级学生。

01

行走在繁忙的铁路线上，眼睛紧盯着显示屏上的波形，耳朵听着仪器发出的报警声，他一刻也不敢走神。

2002 年，李伯乐通过单位的招聘考试，成为一名钢轨探伤工，与钢轨探伤工作结下了不解之缘，一干就是 18 年。

刚到探伤工区的时候，他还是一个探伤“门外汉”，探伤操作不熟练，现场经验也不足。他利用业余时间努力学习，认真研读《超声波检测》《钢轨探伤工》等专业书籍，在练兵场苦练操作技能，遇到自己不能领悟的关键点，就虚心向老师傅请教。功夫不负有心人，他很快就成长为一名合格的钢轨探伤工。

李伯乐从事钢轨探伤工作 18 年来，累计徒步探伤行程数万公里，检查铁路钢轨 2 万多公里，严格执行钢轨探伤作业标准，精检细查，从不放过一点蛛丝马迹。

经他检查的钢轨，从未错判一处，保证了铁路运输的安全。李伯乐说，整个过程不能有丝毫的简化，更不能偷懒，否则就会影响检查结果。蹲在枕木上，双腿很快就麻了。尽管检查的过程很累，但能及时发现钢轨伤损，对他来说，是一件极其快乐的事。

02

从“独角戏”到“大合唱”，从“一人一岗”到“一专多能”，越来越多的“千里马”脱颖而出。

2015 年，为了更好地发挥示范引领作用，单位成立了以他的名字命名的“李伯乐工作室”。2019 年，公司又成立了“李伯乐劳模创新工作室”。

对于热爱创新工作的李伯乐来说，企业为他提供了一个广阔的平台和无限发展的机会。他也紧紧抓住了这个机会。

为了提升钢轨探伤工的业务技能，李伯乐在工作室里做了不少尝试。过去，开堂授课总是他一个人讲，教学效果并不理想。后来他提议开展“当一回讲师”活动，让职工轮流授课。从探伤业务到工装器具，从设备改造到技术革新，工作室的

1/2

1　李伯乐在进行钢轨探伤

2　李伯乐（右三）与工友们讨论钢轨焊缝探伤工艺

每名成员都结合现场问题，开动脑筋，制作课件。

既当讲师，又当学员，工友们分享各自的业务心得，学习积极性得到充分调动。此外，李伯乐还一改以往班组人员定编的传统管理模式，实行轮岗制，培养岗位“多面手”，全面提升工友们的业务技能。

在他的鼓舞和带动下，越来越多的“千里马”脱颖而出，劳模精神延续传承……

03／“工欲善其事，必先利其器。”

铁路事业的发展，对铁路各项工作提出更高的技术要求，钢轨探伤工作也不例外，很多制约生产的技术瓶颈问题亟待解决。

2019 年，李伯乐成了中国劳动关系学院劳模学院人力资源管理专业的大学生。当接到录取通知书时，他感到万分激动，终于圆了自己的大学梦。

大学的一切都让他感到新鲜。新环境，新同学，新老师，新知识，开阔视野，增长见识，广交挚友。

李伯乐对自己的专业很感兴趣。从人力资源管理的专业课程中，他深刻认识到合理化建议的重要性，这给了他很大的启发：“在日常工作中，对发现的具体问题要具体分析，提出合适的解决方案，及时实施解决方案，着力解决问题，减少工作中出现的无效劳动，提高工作效率。同时，还要充分发挥主观能动性，完善工作流程，更快、更好、更优地完成本职工作。”

在劳模学院举办的“学习贯彻习近平总书记给郑州圆方集团职工的回信精神”座谈会上，他结合自己的奋斗历程，表达了对“伟大出自平凡，英雄来自人民”的深刻理解。

“所有的成绩和荣誉只代表过去。”李伯乐说，“放下过去，重新开始，坚定信心，不断去攀登新的技术高峰。”

李文毅

一砖一瓦 搭建精彩人生

做一个自由又自律的人，靠势必实现的决心，认真地活着。

李文毅

1971 年生，河北邯郸人，河北亨大建筑集团有限公司董事长兼总经理。曾获“河北省劳动模范”“河北省优秀企业家”等称号。中国劳动关系学院劳模学院 2020 级学生。

01 “我把自己的一切交给了建筑事业”。

李文毅从参加工作开始，勤学上进，钻研技术。初到建筑公司，在一线工地当小工的他，毫无怨言。他雨天一身泥，晴天一身汗，脏活累活抢着干，第一年就被评为城建系统的先进工作者。

苦干、实干多年，他掌握了技术，锻炼了意志，更积累了宝贵的经验。2002年，李文毅经股东选举，被推选为公司的董事长兼总经理。

近20年来，他用求真务实、诚信待人的态度有条不紊地开展工作。找工程，置设备，积极拓展市场；严细管理，制定施工管理规章制度和工作目标；在工程质量、安全、工期上下功夫，做到项项工程过硬。

李文毅（中）在施工现场指导工程建设

李文毅（右二）与劳模同学在校园

02 心有多大，舞台就有多大。

管理是企业的根本。一个企业管理上去了，效益就会跟着上去，李文毅深刻理解这个道理。

他在公司狠抓管理，严格规范，努力做到科学管理、文明施工。为了调动员工的积极性，他时刻把员工的冷暖起居挂在心上，为员工解难事、办实事。他和他的工友们同根同心，亲如弟兄，营造出团结和谐的从业环境。

李文毅把青春年华都奉献给了建筑事业，近几年收到了较好的经济效益和社会效益。在涉县的建筑业中，他第一个创出市级优质工程，第一个创出省级文明工地，工程合格率达 100%，安全事故最少。无论是施工质量还是安全生产，他都走到了当地建筑业的前列。

03／ 他追求不息，奋斗不止。

2020 年 3 月，李文毅正式成了中国劳动关系学院劳模学院人力资源管理专业的一名大学生，和来自全国各地的劳模同学们共同学习。由于新冠肺炎疫情的影响，李文毅与同学、老师们的认识首先从线上开始。

开学前，学院的老师们就开始积极联系每位同学，建立班级微信群，这让离开校园多年的李文毅再次感受到了班集体的温暖。

参加工作 25 年后重新拿着纸笔上课，李文毅又激动又有些难以适应，光是如何操作线上听课的软件就折腾了好半天，更不必说在计算机课堂上。李文毅感受到了科技对学习、工作和生活的积极影响，更加珍惜学习的机会，更加认真地做笔记和作业。

返校后，李文毅第一次见到了在线上已经相识许久的老师和同学们，他享受与大家在课堂上的交流探讨，享受与同学们漫步操场的美好时光。这些思维碰撞出的火花，这些日渐浓厚的同学情谊，让李文毅的校园生活更加美好。

追求不息，奋斗不止。李文毅在勤奋踏实地学习着，默默无闻地工作着，任劳任怨地奉献着，创造着属于自己的精彩人生。

李振月

常怀感恩之心

做工程，就不能客气，要把自己当成业主，自己满意了，大家都会满意。把任何事情都当作自己的事，就没有干不好的事！

李振月

1980 年生，山东聊城人，中共党员，山东正泰工业设备安装公司技术骨干。曾获“全国劳动模范”“全国优秀农民工”等称号。中国劳动关系学院劳模学院 2020 级学生。

01／“既然选择了坚持，就要风雨兼程。”

16 岁原本是花季，可李振月初中还没毕业，就辍学来到工地，成了一名水暖学徒工。在工地上，数李振月年龄小，他什么活儿都抢着干，也舍得下力气。“那时很累，浑身疼，也曾想过逃跑，但一直坚持了这么多年。”李振月从学徒工、技术工一步步走来，直到当上了水暖班组长。遇到困难，李振月说“算是一种强迫症，如果问题解决不了就无法停止思考”。他不断向其他师傅发问学习，反复做实验，凭借自己的努力和钻研，改进施工工艺多达 30 余项，大大节省了人工、材料，解决了很多行业通病。

几年来，李振月带领班组完成施工任务 40 余项，完成施工产值 1.5 亿余元。正是他的坚持不懈，他自己和所带的团队在行业内树立了良好的口碑。2012 年至 2019 年间，他和他的队伍创精品工程 10 余项，为聊城安装整体水平的提高作出了极大的贡献。

02／“工匠心做事，感恩心做人。”

“把工程当成自己的活儿来做。”李振月说，“只有先把自己这关过了，业主才能满意。”团队中工人们的年龄在 30 岁到 50 岁之间，开始工人们不习惯这种严格的工作方式，于是李振月就手把手带着他们一点点做，不行就拆了重新做。十几年来，这些跟随他的“老人们”慢慢养成了和他一样的工作习惯，工匠精神已经成了他们的共识和自我要求。

生活中，李振月和工友像家人一样相处。李振月说，做人最重要的是要将心比心。但凡有需要帮助的地方，李振月都会毫不犹豫地伸出援手。李振月平时也乐于做公益，参加了水滴善行会、蒲公英等公益组织，捐资助学，无偿献血。

工作 22 年来，李振月荣誉满载——“全国劳动模范”“山东省百名优秀农民工”“富民兴鲁劳动奖章”“齐鲁最美青年”……面对荣誉，李振月说：能够取得

1/2

1 李振月（右）检查工程材料

2 李振月获奖照片

这些成绩是因为自己工作以来比较幸运，领导对他也关爱有加。他常怀一颗感恩之心，始终认为自己是从农民工中间走出来，承载了很多人的关心和帮助才有了今天的成绩。自己只有继续尽心尽力把工作做好，坚守初心和口碑，才能不辜负公司的厚望和业主的信任。

03／ 圆梦大学，向前奔跑！

李振月曾说："大学是梦想起航的地方，我想再出发，到达更远的远方！"2020 年，在中华全国总工会、山东省总工会和公司的支持下，他来到中国劳动关系学院劳模学院学习人力资源管理专业。李振月说："感谢劳模学院给了我圆大学梦的机会，我在这里收获了知识，拓宽了视野，结识了来自各地的优秀劳模同学。"

在校期间，无论是课上，还是课下，李振月都在努力向前奔跑着。"我是全国劳模，是人大代表，最重要的，我是一名中共党员，必须冲锋在前。"他身先士卒，真正发挥党员先锋模范作用，积极投身防疫工作。"为这次战疫贡献一分力量，是咱应该做的。希望疫情能赶快过去，希望以后的日子能够越来越好。"

课堂上他积极组织和参与学院的各项活动，如党支部主题党日活动、劳模宣讲团培训、学习交流会、趣味运动会……他用自己的实际行动换来了一个个光荣的称号——"2020 年度优秀学生""2020 年度优秀学生干部"，并被受聘为"中国劳动关系学院劳模宣讲团"第二批宣讲员。相信经过在劳模学院的系统学习实践，不远的将来，李振月一定会以崭新的姿态全身心投入工作，为社会进步作出更大的贡献！

刘超

钢筋水泥森林里的“啄木鸟”

奋斗会让你每一天都不好过，但是，奋斗会让你一天比一天好过。

刘超

1981年生，山东济南人，济南市工程质量与安全中心业务管理科科长、高级工程师。曾获“全国住房城乡建设系统先进工作者”“山东省建设工程质量监督系统先进个人”等称号。中国劳动关系学院劳模学院2020级学生。

01 “我对建筑有很深的情怀，就一心想着要凭实力干活儿，凭手艺吃饭，把活儿干好。”

2003 年，建筑工程学院毕业的刘超走出校园，开始了他的建筑职业生涯。作为一名刚刚步入社会的青年，他在施工现场从最基础的技术员做起。干好本职工作的同时，他一边刻苦钻研图集和技术标准，一边跟着老师傅认真学习现场管理经验，不到一年时间，就从一名技术员晋升为工程技术总负责人。

由于工作中的优异表现，刘超被单位派遣到北京，协助“北京新城”建设。24 岁的他担任了通州运河两岸部分景观工程项目经理，独立负责造价数 10 亿元的工程项目现场管理工作。如何能高质量、高水平、高标准建设运河沿岸景观提升工程，让广大市民领略到运河两岸的意蕴之美，是摆在刘超及团队面前的难题。但他从心理上没有丝毫畏惧，主动和团队反复研讨，多次对桥梁起拱高度进行反复验算

刘超（前）组织全市建设、施工及监理企业观摩

刘超（中）在现场检查工程施工质量

并实地复核，不仅解决了防洪要求，而且充分实现了与周边环境的和谐相融。

02/

作为单位业务技术管理工作的负责人，刘超肩负着授课培训、建筑规范文件的制定、技术攻关等重要任务。在大家眼里，他是业务上无所不能的“智多星”。

“对于工程质量来说，不是一百分，就是零分。”刘超用实际行动践行了这句话。在工作中，他会遇到很多关键性技术问题。经他一段时间的苦思冥想和反复试验后，问题总会圆满解决。有一次，面对新房涉水房间渗透这样棘手的难题，他一天只休息几个小时，常常熬到深夜。妻子说：“连睡觉说梦话说的也是这个事儿。”

刘超认真研究，并思考：“在穿楼板管道增设特种预制套管，穿管固定后，再做两遍封堵、三遍防水，会不会解决这个问题？”经过反复试验，刘超很快将想法变成了现实，他和团队找到了管根渗漏问题的解决方案，并将此做法通过现场观摩的方式向全市各建筑工地推广，取得了很好的反响。

近年来，刘超带领团队密切合作，积极实施课题攻关、规范性文件编写等任务，切实对工程安全起到了重要的引领作用。同时，他坚持为建筑行业内施工人员及监督人员进行业务培训，对工程常见质量问题及新颁布的标准规范进行解读，有效地提高了一线监督人员的业务水平。

他就像一只钢筋水泥森林里的“啄木鸟”，为工程安全质量忙碌着、工作着。

03

从象牙塔的青葱少年到优秀的工程安全监管业务骨干，刘超一路走来，步履自信而坚定。重新走进大学，他觉得特别幸福。

2020 年，他选择到中国劳动关系学院劳模学院学习深造。能够重新走进校园，刘超难掩心中感激之情：“感谢全国总工会、感谢中国劳动关系学院能够提供如此宝贵的机会，让我们继续深造、学习和提升，我一定好好珍惜这次机会，这将是我人生中最美好的一段回忆。”

在收到入学通知书的同时，刘超还收到了来自山东省委省政府的工作指示——驻场监造，用最短的时间和最高的质量标准完成人民大会堂厅室维修改造。为了确保学习、工作两不误，刘超经常在学校和人民大会堂之间“两头”跑。在忙碌的工作之余，刘超仍然用心感受着校园的美好。

大学的沉淀让他对所学知识有着深刻的领会。他说：“企业要实现高效率运作，不仅要做好具体技术工作，更多的是要做好人的管理。”

于是，他有了更深远的想法：“如何运用绩效思维制订工作计划并付诸实施，如何运用企业管理的思路监管现场施工行为等，把所学到的专业知识充分运用于工作实际，不断提升工作成效。”对此，他充满信心。

刘金柱

一枝一叶
总关情

全力打造为民服务新品牌，这就是我们的初心。

刘金柱

1982 年生，天津人，中共党员，天津市河东区中山门街道办事处干部，曾获“天津市劳动模范”“天津市优秀青年志愿者”称号。中国劳动关系学院劳模学院 2020 级学生。

01 “小事连着百姓心，牵着百姓情，全力打造为民服务新品牌，这就是我们的初心。”

刘金柱每天晚上都会很晚下班。他说：“把手头上的事情处理完了才感觉踏实。”回到家，他喜欢看看新闻，听听收音机里的歌曲，有时还会跟着哼唱几句，只有这段时间才真正属于他自己。刘金柱所从事的街道办事处工作，围绕的都是群众日常生活的琐事、碎事。但他总是说：“小事连着百姓心，牵着百姓情，直接关系到党和国家大政方针的贯彻落实。办好群众的小事，群众才会支持发展中的大事。”

他针对社区群众反映的热点、难点问题，建立整治工作清单，限时跟进解决；坚持把人民群众的幸福感作为检验标准，聚集民生抓服务；做好辖区困难群众的帮扶工作，加大精准帮扶各项政策落实力度；着眼打通联系服务群众“最后一公里”，把党建工作与平安建设、服务民生、综合治理“贯穿一线”。几年里，辖区内的群众看得到变化，获得感和幸福感更足了。

02 他是“让党旗高高飘扬在疫情防控第一线”的践行者，他用实际行动诠释着劳模党员的责任与担当。

2020 年，面对突如其来的新冠肺炎疫情，刘金柱始终牢记自己的责任和担当。坚持每天都到各个社区查看情况，积极宣传疫情防控的相关知识。由于防护用品严重缺乏，刘金柱利用劳模协会工作平台，自费购买口罩捐赠于社区网格员、志愿者；带领社区工作人员逐个探访，帮助居家自行隔离人员代购蔬菜、鸡蛋等生活物资。

在疫情防控最吃紧的关头，工作人员相对不足，他主动请战：“作为一名共产党员，我在这个时候更要积极作为，希望尽自己的努力为社会贡献一份力量。”对社区进出人员登记去向、测量体温，坚守岗位，严防死守，最长连续 72 小时坚守

1/2

1 刘金柱在党员宣传墙前留影

2 认真工作的刘金柱

一线。他自己也经常把方便面加面包当作一顿饭。“战疫情，勇担当。”刘金柱奋战在一线是责任，是忠诚，更是一种“逆行”的勇气。

03

为民谋福祉，只有起点，没有终点。为更好地抓完善、强规范，抓创新、重实效，确保为民服务的效果更加贴近群众的多元需求，他重回校园，学习，历练，沉淀……

2020 年 3 月，刘金柱被中国劳动关系学院录取，成为劳模学院的一名学生。从劳动模范成为一名大学生，他又一次实现了人生中的身份转换。在校园里，和无数乐于奉献的劳动者们走在一起，互相学习，共同进步，他深感荣幸。劳模学院的学习生活丰富而精彩，他印象最深刻的就是《人力资源管理》这门课带给他的启迪与思考：“如何发挥团队力量，如何利用团队提升效率，如何进行管理与创新，带队伍，促提升……学完这门课程后，我的心中有了杆秤。”在学校学习的时光美好且充实，刘金柱对新时代劳动精神也有了新的理解：作为一名基层干部，一心扎根基层，全心全意为人民群众服务，急群众之所急、办群众之所需，默默耕耘，无私奉献，便是对新时代劳动精神最好的诠释。

“心装千家事，诚解万户难。”这不仅是刘金柱自身的职责所在，更已成为他为人民服务的座右铭，坚守，向前……

刘俊臣

钉在干线公路的“坚实堡垒”

在新时代的征程中，必倾尽所有，不负韶华、不负所学、不负事业。

刘俊臣

1971年生，河北邯郸人，河北省邯郸市涉县交通运输局机关党委委员。曾获“全国先进工作者”“河北省先进工作者”等称号。中国劳动关系学院劳模学院2020级学生。

01

2020 年的春节和以往格外不同。新冠肺炎疫情的发生，导致大年初一的街道显得十分萧条，一个急匆匆的身影在空旷的街道快速滑过，径直奔向了公路站的办公大楼。

“紧急通知，请各位副职迅速归岗，有重要工作任务要宣布！”仅片刻后，公路站的会议室内便传出了刘俊臣沉稳且严肃的声音。“按照县委政府、县交运局的紧急会议部署，现在起全县进入高度戒备状态，下面，我们要做的是……”10 余分钟后，物资采购、人员归岗、公路设卡、社区防控等各项工作任务已条理分明地部署妥当。

至此，在涉县的国省公路线上，防疫战以“箭离弦”的速度、“虎下山”的劲头迅速拉开阻击帷幕。

庞大的工作量，时刻挑战着刘俊臣紧绷的神经。寒风中，他的足迹踏遍了每一

刘俊臣（中）在现场指导工作

刘俊臣（右一）组织开展国道 G234 涉县建设项目现场观摩会

处责任区域，布置防疫宣传、强调个人防护、检查资料明细、协调物资补给，事必躬亲、面面俱到。对于群众人数较多的两处住宅小区，他更是日巡三遍，对居民持证出入、全面消毒等重点情况进行查看，防患未然。

战“疫”初期的几十天时间里，他趟风冒雪，殆无虚日……

02／在疫霾之中，他希望用自己的一点光亮，迎接山花烂漫的春天。

国省干线是疫情防控的重要防线。刘俊臣和同事们对出入县口进行科学封堵，设置防疫卡点，安排“全副武装”的执勤小队 24 小时盯守，严控进出人员，精细测量体温，劝返无健康证明者，秉持着“不漏一人”的原则，为人民守好“安全县门”。

兴阳线涉县段的三省交界卡点，值守人员老史毫不吝啬地表达出了对刘俊臣的敬佩：“昨天晚上，他和我们三个人轮班在这儿盯了一宿，一晚睡觉都不超过仨钟头儿，这不是嘛，天刚亮才走，说是去 309 路上瞧瞧环境整治开展得咋样了！哎，你说这领导……”

已是初春，绿意还不浓，干净整洁的道路却一如往昔。

尽管大家都戴着口罩，但从每个工人口中发出的叹服，却那样清晰！

03

过去的种种，只是人生记忆的一座座灯塔。而前路崎岖，知识才是克难奋进、迎难而上的钥匙。

被评为“全国先进工作者”，刘俊臣内心的激动和忐忑难以言表。一瞬间，近 30 年的工作经历跃然于他脑海：烟尘弥漫的公路上，手持工具保障畅通；灯光昏暗的帐篷中，连夜与老同志核对施工图纸；家乡交通发展的进程中，呕心沥血完善县域路网……

他从一名普通的养路工、技术员直到项目的建设管理者，一路走来，感慨万千。

他说：“虽然工作中的每一天几乎都在学习业务知识，钻研技术难题，但此次我有幸进入中国劳动关系学院劳模学院深造学习，更为欣喜。在这里不仅可以学习更多的知识，收获更真的友谊，最主要的是能够在每位老师的教导下再次成长，利用学到的先进知识去奉献家乡、服务社会，实属心愿得偿。”

刘俊臣加入了学校的劳模宣讲团。他有了更多的机会走进工厂、校园和社区，与大家分享奋斗圆梦的故事。

在平凡中非凡，在尽头处超越。

现在的他，通过专业课程的学习，看待问题又多了新视角。

刘小玲

执着追梦的“葡萄仙子”

与优秀为伍，向优秀者学习！

刘小玲

1977 年生，湖南长沙人，湖南中瑞湘格生态农业开发有限公司副总经理，曾获“全国劳动模范”等称号。中国劳动关系学院劳模学院 2020 级学生。

01

刘小玲是个不轻言放弃的人。她采用“公司 + 合作社”的模式，开发生态农业，走出了一条精准扶贫的路子。

葡萄熟了，乡亲们富了。2011 年初，刘小玲从企业的高楼大厦走到农村的田间地头，创办了生态农业“萄红”葡萄品牌，也获得了“葡萄仙子”的美称。她通过种植葡萄、酿酒、研发等多产业联动，采用“公司 + 合作社”的模式，开发生态农业，走出了一条精准扶贫的路子，带动农民共同致富。

为了让葡萄味道更醇正，刘小玲又一头扎进创新的路子里。她与专家进行深度研发合作，对现有葡萄进行改良，让葡萄味道更符合中国人的口感。凭借这一股子韧劲，她把全球葡萄的 6 大顶级品种带回了湖南。

一串串，一朵朵，绽放的是精彩，吐露的是芬芳。刘小玲实现了葡萄创新的初心。

02

刘小玲其实还有一个更大的梦想：“‘互联网 + 农业’给农业插上科技的翅膀，让舌尖上的农产品走进千家万户。”她说这话的时候，眼神坚定而自信。

刘小玲整合产业资源，结合电商运营，打造线上品牌宣传、线上电商运营、线下门店实体销售、线下基地体验的多模式，实现了有机水果、特色干货、名优特产、进口农产品、无公害有机农副产品等多达 500 余种特色农产品直达千家万户。接着，她又通过电视直播的方式，将数千箱的农村特色产品直接送到每一个客户、每一个家庭的餐桌上，让当地 75 户年均收入不足 2000 元的农家，一次性增收 5000 元，年收入增加两倍以上，让他们切实感受到互联网为农产品销售带来的希望。看到村民脸上洋溢着幸福的笑容，刘小玲觉得这一切值了：“踏实做好每件事，光尽力不行，得做到极致”。

1/2

1　刘小玲（左三）帮助贫困家庭脱贫致富

2　刘小玲（左二）探访敬老院孤寡老人

03/

“我就像一块海绵一样，在知识的海洋里，尽情地吸取着养分，不放过每一次的学习机会。”

在身体力行的实践中，刘小玲越来越强烈地感受到，农业发展的路子要拓宽，还要有广阔的视野和专业的平台。于是，她选择再深造。

2020 年 3 月，刘小玲来到中国劳动关系学院劳模学院，和来自全国各地的劳模同学们一起学习。她非常珍惜这次来之不易的学习深造机会，虽然工作繁多，但依旧坚持学习，保质保量完成学业。

课上她努力向老师和同学们求教，每门课都尽自己所能学得认真、扎实。体育课上，她的太极拳动作不标准，于是她将动作分解录成视频，一点点去“啃”；英语课上，她把丢了多年的英语单词再次捡起，并努力跟上同学们的学习进度……

在学习过程中，每一个劳模身上的闪光点都让她赞叹不已：“他们让我更加透彻且清晰地理解劳模精神了。”在校园朝夕相处后，同学之间建立了深厚的友情，她也越来越珍惜这样的学习过程。

每当想到自己是以全国劳模的身份在劳模学院学习时，她觉得肩上的担子又重了：“在这个大平台上，我要更加努力学习，不断创新，把自己的资源和能量发挥好，去带动、影响更多的人，更好地回馈社会。”

宁允展

将工作做到极致

我不是完人，但我的产品一定是完美的。做到这一点，需要一辈子。

宁允展

1972 年生，山东青岛人，中共党员，中车青岛四方机车车辆股份有限公司车辆钳工高级技师，中国中车首席技能专家，中国科学技术协会第十届全国委员会常务委员会委员。曾获“全国最美职工”“高铁工匠”“全国五一劳动奖章”等称号和荣誉。中国劳动关系学院劳模学院 2020 级学生。

01

在宁允展的工作本上，记录着这样一句话："将工作做到极致，把产品做成精品、艺术品，这是身为高铁工人应该有的追求。"

宁允展是高铁首席研磨师，国内第一位从事高铁转向架"定位臂"研磨的工人。他的"身手"代表着这道工序的最高技能水平，他也被同行称为"鼻祖"。作为高速动车组关键技术之一，转向架直接关系到高铁的运行安全和乘坐舒适性，定位臂则是转向架上连接车轮的核心部位。为了保证安全可靠，定位臂和轮对节点必须严丝合缝，而这要靠手工研磨来实现。

"定位臂经过机器粗加工后，留给手工研磨的空间只有 0.05 毫米左右，相当于一根细头发丝的直径。磨少了，精度达不到要求，磨多了，动辄十几万元的部件可能就报废了。"好多个夜晚，为了攻关技术难题，累了他就靠在椅子上睡一会儿，

宁允展工作照

宁允展钻研技术

之后再抓紧时间进行模拟实验。就这样，通过反复摸索和试验，宁允展钻研出了一套研磨方法，将研磨效率提高了 1 倍多，研磨精度也有了极大的提高，有效保障了高速动车组转向架的高质量制造。

02/

“有难题，就找宁师傅！”在车间，“宁师傅”的名号是响当当的。突破常规、寻找更好的方式方法解决问题，是宁允展工作中始终如一坚持的原则。

为了革新技术方法，他自费购买了车床、电焊机等设备，将家里 30 多平方米的小院改造成了一个小型工坊。“经常吃完晚饭就看不见他人，一准是去工坊了。”妻子对宁允展的钻研状态早已习以为常。就是这样的埋头苦练，使他成为生产车间中“一专多能”的“多面手”。转向架检修加工部位容易损伤，由于精度要求高，修复起来非常困难。而一个加工件动辄上万元。针对这一突出难题，在行业内没有先例可以参照的情况下，宁允展将自己的研磨技术和焊接手法巧妙结合，独立发明了一套“精加工表面缺陷焊修方法”，修复精度最高可达到 0.01 毫米，相当于一根细头发丝直径的 1/5。这项在行业内被广泛认可的“绝招绝技”，成为解决相关难题的必备“武器”。除此之外，多项工装发明成果在宁允展手中“诞生”，并在实际工作中得到应用。一次次的成功里，包含着他的匠心和智慧，也凝聚着他勤于总结、善于钻研的“思想花火”。

03/ 以悠悠之生，立一技之长。他说，他的梦想就是自己研磨的高速列车走出国门，驰骋世界，跑出中国加速度。

作为一名中国高铁的制造者，宁允展认识到知识、技能、态度是影响工作进行的三个重要因素。他坦言：“在工作中要面临各种各样的问题，带好一个团队实现工作目标，不但自己技能要好，还需要其他方面的综合能力。”2018 年，他通过新闻，看到习近平总书记给中国劳动关系学院劳模本科班回信，鼓励劳模学员努力学习再创佳绩，备受鼓舞。于是他报名加入劳模学院，重回大学校园的他安心学习、深造。“沉下心来看书，把知识学精、学透，书看多了、看熟了，就能更快地发现日常工作中的问题，毕竟理论与实践是相通的。”这是宁允展在大学期间获得的最大感悟。

授之以鱼更授之以渔。宁允展一方面不断为自己学习、充电，另一方面将自己的经验无私传授给身边的同事。通过“传、帮、带”，也让不少人成为技师、高级技师。

他总说，一个人的力量太渺小，也太有限，互帮互助、凝心聚力，这样我们才能看到希望。秉持着从未改变的信念与梦想，宁允展同中国高铁事业继续向前奔跑！

尚怀亮

赤胆忠心铸就公仆本色

对待工作，干与不干，是态度问题；干好与干不好，是能力问题。不要让态度影响了能力，态度端正了，能力才会发挥得淋漓尽致。

尚怀亮

1973 年生，山东济南人，中共党员，济南市城乡建设发展服务中心综合处副处级干部。曾获“汶川地震灾后恢复重建先进个人”等称号。中国劳动关系学院劳模学院 2020 级学生。

01 艰难困苦，玉汝于成。

2008 年，尚怀亮接受组织安排，前往地震最严重的北川县开坪乡和北川新县城，进行抗震救灾和灾后恢复重建工作。

这一去就是 2 年。尚怀亮所负责的开坪乡是“地无三尺平”的深山沟。为解决好施工过程中的难题，他带领建设施工组收集数据，邀请专家赴现场考察，研究制定施工方案。不仅如此，为把好材料采购关，尚怀亮冒着道路随时不通、余震不断、山体滑坡等各种困难和危险，从绵阳到成都，从成都到汶川，风餐露宿，亲自采购。

为了减轻余震对工程质量的影响，他带领施工组进行深入研究，制定了科学合理的施工方案和应急预案。

抗震救灾的现场，尚怀亮既要克服水土不服、饮食差异，又要警惕随时可能遭遇的余震危险；既要克服材料运输的困难，又要抢赶工期建设；既要保证工程质量，又要确保施工安全。他带领团队，穿插施工，倒排工期，挂图作战。

顶烈日、抗高温、战暴雨……在极其恶劣的条件下，他带领团队，仅用了 8 个月的时间，便圆满完成了开坪乡的援建任务。

02 “在这明媚的春天里，我汲取着知识的养分”。

2020 年 3 月，尚怀亮正式成为中国劳动关系学院劳模学院的一名学生，和来自全国各地的劳模同学们共同学习深造。

对于已过不惑之年的他来说，重新面对大学生活，既期待，又担心。这对他来说既是机遇，又是挑战。

尚怀亮最喜欢的课程是《劳动法》。他非常关注劳动者权益保护问题。“在新冠肺炎疫情期间，线上会议、居家办公成为新的工作模式。这是平台经济所带来的灵活的劳动方式。这种背景下的劳动者权益保护是值得去探索的课题。”他说。

1/2

1 尚怀亮（左一）组织援建项目验收

2 尚怀亮在工地现场

目前，尚怀亮已经完成了在校一年的集中学习，返回工作岗位。他运用所学知识去指导工作实践：探索本单位人力资源和薪酬管理改革路径，深入单位系统，设计调查研究，撰写了《经营性事业单位人力资源管理与薪酬制度改革问题分析报告》；通过劳动法律法规处理下属单位的破产清算；安置职工。这些都获得了良好的效果。

没有比脚更长的路，没有比人更高的山。

“爱岗敬业、争创一流、艰苦奋斗、勇于创新、淡泊名利、甘于奉献”的劳模精神，像一颗闪亮的明星，时刻在指引着尚怀亮前进的方向。在前行的路途上，他用对事业的赤诚之心书写着人民公仆的本色。

尚瑾超

用“心”服务在一线

人生若有志，万事尚可为。

尚瑾超

1985 年生，辽宁锦州人，中共党员，中国邮政储蓄银行锦州市正大支行行长。曾获“全国先进女职工”“辽宁省劳动模范”等称号。中国劳动关系学院劳模学院 2020 级学生。

01 在最好的年华从事银行工作，她说，这是最美的遇见。

做金融服务需要初心和情怀，尚瑾超一直坚守这一点。她多年如一日，把银行主动服务一线做到了极致。

为了能在工作中打开局面，创出品牌，尚瑾超根据每个员工的特点，分成两个营销小组，并把营销服务的触角逐步延伸到柜台以外的其他领域。

“用心把服务做细”是她经常说的一句话。

她带领客户经理，进厂房、入车间，从不起眼的散小杂户到小有资财的企业老板，无论是严寒还是酷暑，主动上门为他们办理兑换零钞、汇款等业务。他们白天走访摸情况，晚上开会找对策。通过努力，支行逐步形成了“机制活、效率高、服务优”的品牌特色。

尚瑾超（右）用心服务每一位客户

尚瑾超认真细致地工作

服务无小事，无论远近，都要厉行。一位客户用大笔资金购买了 3 个月的理财产品。在此期间，因为购房要交 100 万元首付款，客户犯愁了。尚瑾超急客户所急，在亲戚那里周转，自己帮助客户垫付了首付款，缓解了客户资金的压力。客户非常感动地说：“她总是在最关键的时刻给予支持，这种服务很温暖、很贴心！”

02／一个理想主义者，永远不会孤独，她会感召一群理想主义者。

尚瑾超明白，诠释金融情怀不是一个人的战斗，她需要团队，她也努力带着团队。

在她的带动下，银行成立了“巾帼工作小组”，不断推进邮政银行线上渠道，完善 App 的各项功能，实现了智能化、服务化、开放化。她带领团队，走访调研，洽谈合作，撰写邮政储蓄银行发展研究、邮政储蓄银行服务渠道策略与创新等相关报告 20 余篇。同时，“巾帼工作小组”发挥创新和服务优势，培养出一批批的优秀人才，大大提高了锦州邮政储蓄银行的品牌形象和社会影响力，成为邮政储蓄行业的排头兵。

细节决定成败。“巾帼工作小组”对服务和口碑精益求精，从细节出发，对每一级台阶、每一个机具摆放、每一遍厅堂感受、每一次业务办理，都站在客户体验的角度去思考，实实在在地体现出了“客户至上，宾至如归”。

03/ 她对学习有着强烈的渴望，对未来有着更大的期许。这种内生的力量，让她眼里有光，心中有火。

从数十年的金融服务工作经历中走来，尚瑾超深知：在金融服务行业的核心竞争力，不是任何一门技术，也不是领导能力之类的软技能，而是敏锐的嗅觉以及强大、快速的学习能力。这样才能让自己不断掌握更新的东西，精准服务。

虽然头顶光环，但她目标明确。从入校那天，劳模学院“致力于劳动模范综合素质提升”的理念，让她更加坚定了自己所要坚持的方向：保持学习的动力，获得学习的能力。

她不放过每一个可以提升的机会。在这里，她聆听了很多场高水平的学术讲座，拓宽了视野，增长了见识；课堂内外，观念激荡，她敞开心扉饱吸着新鲜的理念，不断启发、感悟；身边有众多来自不同行业的劳模，对他们每个人身上优秀的品质、成长经历和独到之处，尚瑾超都用心观察、虚心求教。这种强大的内生动力，让她始终有着饱满的热情，无论是对待工作还是对待学习，都是 12 分地投入。

在竞争激烈的金融服务行业中脱颖而出，需要的是对行业的认同、对客户的热爱以及对服务的初心。“我不能保证自己是最优秀的，但我一定要做最努力的那一个。”尚瑾超说。

在她的话语和神情中，透露的是一位年轻劳模蓬勃向上的生长力。

田学磊

燃气战线上的“螺丝钉”

无论身在哪个岗位，都要努力把自己打造成为一枚合格的“螺丝钉”。

田学磊

1982年生，天津人，中共党员，天津市津燃华润燃气有限公司工会副主席，津燃华润燃气有限公司宝坻分公司综合服务网点站长。曾获“全国劳动模范”“全国技术能手”等称号。中国劳动关系学院劳模学院2020级学生。

01/ 作为一名基层职工，如何立足平凡岗位、追求岗位创优，为百姓送上“安全气”“放心气”，从田学磊身上可以找到答案。

2006 年，田学磊进入了天津市津燃华润燃气有限公司，正式成为一名燃气调压工人。工作之初，他为了尽快熟悉业务、掌握技术，不管站里有什么活儿，派给了谁，路途多远，都主动跟着去，积极向老师傅们请教，争取每一次锻炼的机会，认真总结摸索工作的方法和门道。一段时间后，他的综合技能有了明显的进步。为了熟悉管网设施运行情况，他还利用自己是当地人的优势，一点一滴收集用户信息，统计蓝印户、安检记录、报修情况等信息，形成了一份独特的用户管理台账。

田学磊先后从事了维修、安检、巡线、内勤、核算、库管、副站长、站长 8 个岗位。无论身在哪个岗位，田学磊都抱定了“干一行、爱一行、钻一行、专一行”的决心，努力把自己打造成为燃气战线上合格的“螺丝钉”。

02/ 一声声温暖的问候，一句句耐心的解答，一次次及时的协调，搭起了他和用户之间的“连心桥”，他一直努力让自己成为用户的“贴心人”。

田学磊从事的燃气收费、安检、巡线、抢修工作，是城市燃气供应服务中最基础的工作，是企业服务民生的“最后一公里”。

2016 年，他接受组织安排，前往静海区煤改燃一线进行支援。刚到静海老城区改燃现场时，一些燃气管道在打压过程中出现漏点需要修复，通气点火计划被迫顺延一周，对此一些用户非常不理解并且情绪激动。通过调查走访，他发现部分用户为了安装天然气采暖设备，已经拆除了原来的燃煤暖气。眼看天气越来越冷，他先是协调施工队加派人员连夜抢修，又调整通气计划，重新分配点火任务，和同事们加班加点、夜以继日，终于在 3 天内安全地为 100 多户居民送上了清洁能源。

1/2

1　田学磊（右）入社区宣传安全燃气知识

2　田学磊在更换燃气调压柜压力表

确保燃气管网安全，最重要的是加强巡查。田学磊负责的区域分布在 5 个乡镇，面积达 700 平方公里，行车路程超过 150 公里。即使如此，无论严寒酷暑，田学磊始终尽职、尽责、尽心，保持自己让组织放心、用户满意的初心。

03/ 少年读书，如隙中窥月；中年读书，如庭中望月。经历了社会摸爬滚打的田学磊，对读书学习依然情有独钟。

机会，真的会听见准备者的心声。

2020 年初，田学磊接到了中国劳动关系学院劳模学院的录取通知书。他端坐在桌前，仔细回想自己奋斗奔跑的 14 年、默默付出的 14 年。他多么渴望能够再次回到校园，做回学生，尽情地享受学习的乐趣。终于，他如愿以偿。

田学磊非常珍惜这次学习的机会，虽然第一学期的课程由于新冠肺炎疫情没能到校上课，但他仍严格要求自己，按时学习，完成了学校安排的网络课程任务。在特殊时期的特殊教学中，田学磊主动承担两科的课代表。特别是作为语文课代表，他每周日都要将本周的各科学习情况、进度以及遇到的问题整理汇总上报给班主任，保障教学的顺利开展，是老师和班主任的得力助手，是同学们的榜样。对于年龄较大、使用电脑学习困难的同学，田学磊还与班主任一起帮助辅导，使得上半年的学习没有一名同学落下。

在疫情平稳后返回学院学习的日子里，他主动担任班里的班长，也是大家公认的“螺丝钉”，认真对待每门功课，时刻不忘服务班级，总是第一时间帮助有需要的同学。在校期间，田学磊还被聘为“中国劳动关系学院劳模宣讲团”宣讲员，以此为契机，让更多的人了解劳模精神、劳动精神和工匠精神。

在校学习的时光尤为宝贵，随着学习的不断进行和深入，他更加坚定地投入学习，来面对未来更大的挑战。

王树楼

30余载“炉火情”

一个人只要在不断的追求中去坚持奉献，就能够实现自己的人生价值。

王树楼

1970 年生，山东潍坊人，中共党员，华电潍坊发电有限公司锅炉队防磨防爆主管。曾获“全国劳动模范”“全国五一劳动奖章”等称号和荣誉。中国劳动关系学院劳模学院 2020 级学生。

01

麻利的钻炉膛动作、专业的检修技能，在华电潍坊，大家亲切地称他为“炉哥男神”。

1986 年，初中毕业的王树楼进入山东潍坊发电厂，成为一名锅炉检修工。刚进厂，师傅就告诉他：“锅炉是有灵性的，你怎么对待它，它就怎么对待你。”遵循着这个简单的道理，他经常白天在现场忙碌，夜晚在宿舍挑灯苦读，很快就掌握了锅炉设备的构造和检修要领，成为 130 多名学徒工中的佼佼者。

30 多年如一日，他带头参与锅炉检修，用心对待锅炉。他善于观察，勤于思考，总结出“望、闻、记、探”锅炉缺陷的诊断方法，让那些不易被人察觉的缺陷无处遁形。作为“王树楼劳模创新工作室”领衔人，他带领团队一次次排除隐患，并不断进行技术改造，有效提高了设备健康水平和经济效能，为机组安全稳定运行作出了突出贡献。

王树楼在仔细检查设备运行情况

02／ 王树楼有一块属于自己的“责任田”，他尽职尽责地耕耘着这块“责任田”，使得防磨防爆工作卓有成效。

这块“责任田”，就是华电潍坊发电公司于2017年成立的“王树楼劳模创新工作室”。这对于他来说既是动力，更是压力。

在他心里，那不仅仅是一块“试验田”，更是一份沉甸甸的责任。工作室成立以来，在王树楼的参与指导下，锅炉队QC小组成果《减少磨煤机减速机故障停运时间》荣获全国电力行业QC成果特等奖，《减少670MW机组空预器扇形板提升机构故障时间》《降低670MW机组引风机动叶不可调故障时间》等多项成果在电力行业内获奖。

王树楼是全国劳模，但他从不以功自居。相反，他对年轻人的成长寄予了厚望。每年机组检修期间，他都会找准契机为年轻人进行现场授课，将自己几十年的

王树楼（右四）和他的团队在收工途中

工作经验倾囊相授，希望他们干一行、爱一行，尽快成长为优秀的技能工匠。作为“教头大哥”，他多少次挥汗如雨，不厌其烦带领年轻人在炉膛内爬上爬下，在管排中来回穿梭，一边示范一边讲解，叮嘱他们要练就“庖丁解牛”的硬功夫，才能在解决困难问题时得心应手。

03

“只要提起锅炉工，人们想到的无非就是锅炉、铁铲、灰头土脸，不会和知识挂上钩。”捧着入学通知书，王树楼有些激动，仿佛此刻已经坐在教室里，回到了意气风发的青葱岁月。

在学校校园里见到的王树楼，外表依然是一个稳重、干练、眉宇间充满睿智的“技术大拿”，但是他的心态变得年轻了、活泼了。谈到在校期间的学习和生活，王树楼说：“在劳模学院学习的经历让我终生难忘。在这里我感受到了家一样的温暖，工作多年后回到校园和同学们过起集体生活，结伴上课，讨论作业，课后一同庆生日、包饺子、骑单车、游胡同，仿佛自己又回到了意气风发的年轻岁月。”

过去因工作忙碌经常加班熬夜的王树楼，很少有属于自己的学习时间。到学校后，在老师的指导下，他练起了太极拳、八段锦，还学会了打网球。在这里，他真正开始放慢工作的节奏，由内而外地塑造自己，感受到了前所未有的身心愉悦。

吴远东

解百家忧、排千家难的“民政人”

身为民政人，应该带着深厚的感情深入群众，与困难群众心连心，把他们当成家人。

吴远东

1971 年生，湖北鄂州人，中共党员，湖北省鄂州市慈善总会副秘书长兼法人代表。曾获“全国民政系统劳动模范”等称号。中国劳动关系学院劳模学院 2020 级学生。

01

“社会救助工作关系着民生底线。身为民政人，应该带着深厚的感情深入群众，与困难群众心连心，把他们当成家人。”

2003 年，下岗赋闲在家的吴远东经鄂州市民政局招考，成了一名合格的社会救助员。在这个平凡的岗位上，他走访、帮助了数千个低保贫困家庭，给身处困境的求助者送去了温暖和希望。

吴远东获知单亲母亲李明群因风湿性心脏病失去劳动能力后，及时为其申办了

吴远东（左）帮困助困

吴远东在劳模学院

城市低保待遇和廉租住房。2014 年，在帮助李明群办理低保迁移手续时，吴远东发现她脸部浮肿、呼吸微弱。李明群才 5 岁的女儿，乖巧懂事地说：“妈妈，每天半夜我都摸一下你的鼻孔，看你还有没有呼吸。”听到这里，吴远东的眼泪不知不觉地流了下来。于是他暗下决心，一定要想办法救治李明群，想办法联系专家、向社会各界募集善款……经过一番努力，李明群终于可以做手术了，但就在手术的前一天，她的手术费还差 5 万元。吴远东二话不说，将家里为数不多的存款用来垫付医药费。病愈后的李明群怀着无限的感激之情，将一面写有“关爱有加，帮困助困”的锦旗送到了吴远东的手中。“把他们当成家人，把他们的来信当成家书，把他们的事当成家事”，这是吴远东始终坚守的初心与责任。

02/ “逢盛世圆大学梦，春风化雨解民忧。”吴远东把更多的时间融入学习中，于磨砺中淬炼、完善与超越……

2020 年，吴远东成为中国劳动关系学院劳模学院人力资源专业 2020 级学生。在校期间，他总是保持着饱满的精神状态，坚持读书、锻炼，充实自己。从工作岗位到学校深造，吴远东始终怀着一颗感恩之心：“感谢劳模学院为劳动模范提供了这么好的学习平台，让我的人生又有了不一样的体验。”

他格外珍惜在校学习的机会，积极参加各种教学活动，2020 年被评为劳模学院“全勤标兵”。他对知识的执着追求，对学院的真挚感情，对同学的关注支持和对生活的饱满热情，感染着身边的每一个人。结束在校集中学习、即将返岗之时，他动情地说：“人梯巧搭攀登路，心血勤浇栋梁材。在劳模学院学习和成长的经历，将成为我一生宝贵的精神财富。”

虽然已经离开社会救助工作岗位，但吴远东始终有一份难以割舍的情怀，酸甜苦辣，百感交集。

现在的他，打算用大学期间学到的人力资源管理知识助力建设公益慈善组织，打造一支更为专业的慈善团队，去温暖更多人。

杨军

做有良知的新时代农人

在别人眼中普普通通的事，如果能够做成功，那就是一件了不起的事。人生的意义就是不断学习、自我完善。

杨军

1969 年生，河北张家口人，河北省尚义县甲天蔬菜农民专业合作社理事长兼党支部书记。曾获“河北省劳动模范”“河北省返乡创业标兵”“河北省农村优秀青年拔尖人才”等称号。中国劳动关系学院劳模学院 2020 级学生。

01／ “白菜翠绿芹菜秀、萝卜玉白甘蓝甜，这是我们做品牌的目标。”

杨军从 2000 年开始帮助农民卖菜。2008 年，他和菜农们一起注册了蔬菜专业合作社，搭建了蔬菜生产与市场销售的桥梁，使更多的无公害蔬菜走向市场。他经常和菜农说：“我们要种出‘白菜翠绿芹菜秀、萝卜玉白甘蓝甜’，才能创出我们自己的品牌。”为了准确掌握蔬菜市场信息，他先后到北京、山东寿光和济南等地考察，购买电脑，联系客商，开设蔬菜招待所，通过诚信经营，得到了菜商的赞赏、农民的信赖。

2013 年七甲乡“一建三联”党建模式推广以来，他以“党支部 + 经济组织 + 基地”模式，解决农业产业发展中遇到的土地流转、种植技术升级、销售市场拓展等方面的难题，牵头推广标准化生产技术，加强与超市对接，推动全乡蔬菜生产向有机生产转变。2016 年 8 月，他带头成立劳模工作室，推广新品种、新技术，帮助农民销售蔬菜，组织合作社成员培训学习。销售路子拓宽了，农民们的日子都好了起来。

02／ 合就兴，合就强，合就富。

2013 年，杨军带领农民建起了 200 座春秋大棚，带动了当地蔬菜产业的转变，种植绿色无公害蔬菜成为农民增收致富的源泉。党员创业基地大棚的建立，确保了市场能按期供应，解决了北方农业生产半年闲的问题，让农民富了起来。蔬菜大量外销和专业合作社的介入，增加了农民收入，促进了农业生产经营要素的优化组合，在一定程度上保护了农民的利益。

杨军凭借一股子执着劲，进一步探索新形势下农村合作经济发展的新路子。在他的努力带动下，出现了农民“合就兴、合就强、合就富”的景象。合作社使七甲乡的蔬菜生产经济效益逐年提高。仅以七甲村为例，全村蔬菜生产农户 200 多户占

1/2

1　杨军的大棚大丰收

2　杨军对未来农业的发展有更美好的憧憬

总户数的 2/3，户均收入 2 万多元，人均纯收入 5000 多元，蔬菜销售收到占全村总收入的 2/3。七甲村的蔬菜生产已经占据该村经济发展的半壁江山，发展势头越来越好，正朝着蔬菜生产专业村加速迈进。

03／ 充实而美好的大学生活，让杨军对未来农业的发展有了更加美好的憧憬。

“我的身在农业，心在农业，我要一生做农人。”为了在农业这条路上走得更长更远，2020 年 9 月，带着对知识的渴求和梦想，带着对农民增加收入的期盼和渴望，杨军走进中国劳动关系学院劳模学院，开启了新的人生。

走进大学，豁然开朗的不是天地自然，而是瀚海无垠的知识顶峰。杨军用愉悦的心情畅游于知识海洋，与已有的实践经验碰撞出一朵朵精美浪花。学习之余，杨军向教授们请教多年不解的疑惑，与来自全国各地的劳模同学交流成功经验，共同探讨科技农业增收的新方法、家乡致富的新出路。在这里，他不但收获了知识，也收获了友谊。

充实而美好的大学生活，让杨军对未来农业的发展有了更加美好的憧憬。他经常这样说：“一生做农人，更要做有良知的新时代农人，生产出安全健康的农产品。”杨军坚信按照专业化、智能化、科技化、品牌化的目标，定能走出一条属于自己的道路。

▌杨新苗

严把质量关的“化验标兵”

只有抱有一种追求极致的心态，才能保障产品的质量。

杨新苗

1977年生，中共党员，辽宁抚顺人，中国罕王控股有限公司固定资产管理工作负责人。曾获“辽宁省劳动模范”“抚顺市技术能手”“抚顺市三八红旗手标兵”等称号。中国劳动关系学院劳模学院2020级学生。

01

“作为一名化验员，就要做一名金睛火眼的使者，识别真善美，为产品保驾护航！”

走进杨新苗所在的实验室，可以看到房间里井然有序地摆放着分析仪器和量杯、量筒等器具，杨新苗正在有条不紊地忙碌着，称取矿粉、读数、测定……她说：“化验分析活儿虽不重，但是每一步事关产品的安全与质量，作为一名化验员，就得细心、负责，练出火眼金睛的本事。”

2003 年，27 岁的杨新苗来到抚顺罕王直接还原铁有限公司从事化验员工作，担负着生铁、焦炭、烧结矿等原料的化验与分析。为了提高业务能力，她每天利用化验废样，自主反复练习。化验时，对试样量要求特别高，这就要求化验人员必须做到快、准、细，否则任何一个环节的偏失，都会导致化验结果的误差。于是，认真严谨的杨新苗从化验工作的准备、操作、结果计算到数据统计，从不忽略任何一个细微之处。家人有时会认为她太过于“较真”，但她说：“只有抱有一种追求极致的心态，才能保障产品的质量。”她担任化验室班长职务 3 年，工作中从未出现过任何数字上的错误。

02

“这样日复一日地重复性工作，看似很枯燥，但我们要在冷板凳上学会思考、创新，才能坐得稳、守得住精彩。”

杨新苗绝不让一个“带问号”或者“有疑问”的检验数据从自己手中溜走。遇到检验中的异常情况，她总会不断地寻找导致问题出现的原因，通过多组试验对比，分析误差来源。

一花独放不是春，杨新苗带徒传技，并毫无保留地传授知识与经验。在她的努力下，新员工在最短时间内掌握本岗位操作技能，成为化验室的骨干。“爱钻”“善思”是同事们对她的评价。在攻克钛元素分析方法这个技术难关时，她带领团队迎难而上，早上提前 2 个小时上班，中午也不休息，饿了就随便吃几口馒头，喝几口

1/2

1　杨新苗记录化验数据

2　杨新苗进行铁精粉 TFe 分析实验

水，然后又继续忙碌。在不懈的坚持努力下，她终于研究出一套行之有效的工作方法，为公司化验工作做出了贡献。

多年的经历，让她深深感受到，真正让人佩服的敬业者，要对每一件平凡而简单的事怀有敬畏之心，努力做到干一行、爱一行、钻一行。

03

从一个朴实无华的农村姑娘成长为现代化企业技术工人，从一个农民工成长为省劳动模范，她感恩于时代赋予她辽阔的平台。如今的她，又开始在大学新的平台上逐梦前行……

2019 年 7 月，杨新苗参加了中国劳动关系学院劳模学院在辽宁省开展的招生宣讲座谈会。座谈会上，杨新苗得知还有机会再次进入大学深造，特别激动。那一刻，她更加坚定了要继续逐梦的决心。

2020 年春节前夕，她如愿接到了中国劳动关系学院劳模学院的录取通知书，激动之情溢于言表。更令她感到骄傲和欣喜的是，她和自己的儿子同年走进大学，开启了不一样的人生体验。

儿子经常向同学们提及他这位“大学生妈妈”，杨新苗也再一次寻找到了人生新的意义。在校期间，她认真学习，严格要求自己，课堂上积极求知、努力探索，课后和同学们一起锻炼身体、品茶聊天，全身心融入校园生活，积极提高自己。

她感慨地说，在校园里，她完成了年少时未完成的梦想。她希望继续前行，学有所获，在未来的日子里开花结果，不负韶华……

于江涛

行动是最好的热爱

作为新时代的石油工人，就要具备专业领先的理论知识、独当一面的操作技能以及敢为人先的创新理念。

于江涛

1977 年生，山东潍坊人，中共党员，齐鲁石化公司胜利炼油厂联合装置车间技术员。曾获“全国五一劳动奖章”“全国劳动模范”等荣誉和称号。中国劳动关系学院劳模学院 2020 级学生。

01 / 尽可能使装置处于最优的运行状态，这是他一贯秉承的原则。

2008 年底，于江涛被抽调到新成立的常减压车间担任工艺技术员，参加常减压装置的建设、开工工作。装置建设初期，他主要负责设计图纸的审核、现场施工的检查监督以及操作规程、开工方案的编写等工作。那段时间，他几乎每天都熬夜到一两点钟才睡觉。凭着认真的态度、多年的技术积累，他先后发现了 100 余项设计问题，为装置按期高质量的建成作出了突出贡献。装置建设期间，他利用自己掌握的计算机知识，将装置百余条比较复杂的工艺流程以三维立体模式绘制展现出来，方便职工学习，在车间的技术培训中发挥了重要作用。

近几年，于江涛先后提出、参与了车间的 20 余项技术改造和生产优化项目，为提高装置效益作出了突出贡献，极大降低了装置的运行成本。为了论证项目的可

于江涛（右）在装置现场顶着 40℃以上的高温检测数据

于江涛（左二）现场讲解技术

行性、获得第一手的操作数据，不论是烈日炎炎，还是寒风凛冽，他爬上爬下观察、记录；为了减压塔顶抽真空系统的改造，他经常爬到 70 米高的减压塔顶和 40 米的平台上，与操作人员一起扳动阀门改动流程，记录现场的数据，表现出了为了技术进步不计苦累、倾情奉献的敬业精神。

02／ 每一滴汗水都折射出太阳的光芒，每一份付出都照亮梦想的天空。

于江涛是一个有奉献精神和大局意识的人。他既是指挥员，又是战斗员，不但胸有成竹地协调各个作业小组有秩序地做好每一项工作，还身先士卒参加改动流程、放空检查等的具体工作。

2014 年，在厂工会的支持下，他组织成立了劳模创新工作室。“咱们工人有力量，有技术的工人才更有力量！”成立仪式上提出的这句话让于江涛深深认同，只有技术精湛才能创造更多的价值，发挥更大的作用，干就要干到最好！他召集全厂常减压装置的生产、技术骨干定期和不定期地围绕生产问题开碰头会，交流专业管理和优化操作的经验。2 年来，他们的创新成果累计为公司创效近 2000 万元。碰头会还提高了工作室其他成员的技术水平和操作技能，让大家互相借鉴好的经验和做法，产生了多方面良好的效果。

他经常说："创新为我们打开了一扇新的窗，有了这扇窗，我们可以将领先的科技与管理相融合，让效率更高，让产品质量更好。"

03 / "我常常感慨自己是幸运的。"

能进入中国劳动关系学院劳模学院学习，于江涛感慨自己是幸运的。从一名炼化行业普普通通的职工，在组织的培养和关心下成长为一名技术工人，再到一名劳动模范，进入劳模学院学习深造，让于江涛更加体会到党和国家对劳模的高度重视，感受到全国总工会对劳模的关心与关怀。在劳模学院生活的这段日子里，于江涛结识了很多来自祖国各地各行各业的劳模同学，他们身上所具有的勤奋拼搏的奉献精神、工匠精神也激励着他不断进步。

始于初心，成于坚守。于江涛说："要持之以恒地做好工作，确实需要有精神的力量。"因为每一个装置、每一个部件，都凝聚着"炼油人"烙印在骨子里的不懈追求。

张士家

北京施工队里的“光头强”

背井离乡、刻苦学习，做一颗甘于奉献的螺丝钉。勇于奋斗、争创一流，诠释劳动模范的奉献精神。

张士家

1970 年生，安徽寿县人，中承鑫德（北京）、鑫佳润达建设工程有限公司董事长兼总经理。曾获“全国五一劳动奖章”“全国劳动模范”等荣誉和称号。中国劳动关系学院劳模学院 2020 级学生。

01

在北京的建筑圈流传着这样一句话：“用人就用‘光头哥’的队伍，‘光头哥’就是强！”

1991 年春天，张士家和同乡背井离乡，前往首都北京务工，在建筑工地先后做过粗壮工、钢筋绑扎工，十分艰辛。1996 年，张士家所在的公司承接了某大厦结构工程。工程设计复杂，当时的施工技术滞后，面对一个个施工难题，施工队一筹莫展。当时身为小工的张士家主动献计献策，一一破解了难题。一时间，工友们都对他刮目相看，大伙儿都喊他“光头哥”。

此后他被提拔为施工队长，先后率队参建了建党 100 周年党史馆、北京奥运会鸟巢、大兴国际机场、北京冬奥会主场馆等急、难、险、重工程。到现在他还清楚地记得，2003 年“非典”侵袭时，他率领着农民工兄弟们，冒着生命危险，历经七天七夜的顽强拼搏，完成了北京小汤山“非典”病房的抢建任务。“那是救人啊，俺们徽籍的老少爷们儿，从来都不是㞞人！”

02

“撸起袖子加油干！我们要牢记总书记的嘱托，履行好自己的使命。”

2017 年 2 月，习近平总书记考察北京新机场建设工地。“我们见到总书记了！”至今，张士家回忆起这一幕仍激动不已。

他作为近百支施工队中唯一的代表，受到了习近平总书记的亲切接见。总书记勉励他们，社会主义是干出来的。新机场建设的每一个参与者都在参与历史、见证历史，树立责任意识、奉献意识，在建设中增长才干、展示风貌。

总书记的鼓舞更加激发了张士家的工作热情。农民工出身的他，自知农民工的苦与求。他带领 6000 多位农民工从事建筑业，帮助 6000 多位农民家庭脱贫致富。大伙的腰包鼓了，日子过得越来越红火了。“我不光要让农民工们富口袋，更要让他们富脑袋，脱掉农衣，向高素质的产业工人转变。”他开始鼓励更多的农民工外

1/2

1　张士家（左六）参加 2022 年北京冬奥会主体育场地下结构封顶仪式

2　张士家在劳模学院参加期末考试

出学技术、考本子，为农民工兄弟们第一时间排忧解难。

03／ “回顾珍贵的大学时光，见证着我们在劳模学院的成长。”

2020 年 3 月，张士家正式成为中国劳动关系学院劳模学院的一名学生。他意识到自己作为全国劳动模范的责任更大了，同时也卸下光环把自己当作一个真正的学生去学习、实践。

到大学校园里去学习，对于他来说更多的是为了满足自己对知识的渴望与探索。他刻苦学习，课堂上积极发言，与师生分享自己成长的经历、交流学习，思想境界、知识水平和工作能力等方面都有很大的提升。和谐的师生之情、同学之谊让张士家感受到了家的温暖。

张士家更加意识到在未来的发展中知识的重要性，要通过不断学习实践，努力加强科技创新、延伸产业链，利用所学知识，带领更多人脱贫致富，奉献社会，争做新时代最美奋斗者。

一颗工匠心，一生建筑情。每一次重大的标志性工程，都是国家发展的一个新的动力源。张士家的梦想里装满了精品工程、样板工程、平安工程……虽然这个梦想很大，但他的脚步走得很扎实！

张永厚

用大爱
温暖三江源

学习使人进步。只有不断汲取新的知识才能在新时代的号角声中昂首阔步，不被时代所淘汰。

张永厚

1973 年生，青海西宁人，中共党员，青海第二路桥建设有限公司常务副经理。曾获“全国抗震救灾模范”“青海省‘十二五’建功立业劳动竞赛先进个人”等称号。中国劳动关系学院劳模学院 2020 级学生。

01 / 在高寒、缺氧的青藏高原，他用汗水诠释着对工作的执着和坚持，创造了一个又一个奇迹。

1993 年，张永厚成为青海路桥的一员。从那刻起，他就立志要成为一名优秀的路桥专家。

2008 年，他担任项目经理。他坚持“只有领导带头，群众工作才有劲”。在共和至玉树项目部，海拔都超过 4000 米，气候环境恶劣，风沙大，工期长，施工困难，但是他说：“宁可自己身上掉几斤肉，也要把项目质量、安全工作搞好，绝不能打败仗、打虚仗，必须确保工程质量和工期。”

张永厚带领项目部职工毅然坚守岗位，加班加点是常态，带病坚持也是常态。在大家的努力下，保质保量完成了任务，并且先后修建了囊谦项目等多个复杂的施工任务，累计完成产值 11.2 亿元，累计实现利润 1 亿余元。

张永厚（右二）询问、了解路桥职工的实际情况

02／

在抗震救灾、抗洪抢险的现场，总会有张永厚的身影。他说："作为一名党员，要把人民群众的利益放在第一位。"

2010 年 4 月 14 日，玉树发生 7.1 级地震。张永厚率先垂范，在满目疮痍的废墟下搜救出一个个被困群众。倒塌的房梁、楼板盘根错节，没有专业机械，他和团队员工用双手搬开砖块，打通了一条救援通道。他又多次冒着余震危险，亲自爬进嘎吱嘎吱作响的废墟中解救群众。来灾区后，他没吃上一口热饭菜，没喝上一口热水。

他说："人命关天，一分一秒都不能耽误。"

经过近半个月不分昼夜的努力，张永厚和团队清理、抢修山体塌方、道路塌陷、路面 40 余公里，保证了救援车辆的畅通无阻。

2019 年，金田村黄河堤坝出现决堤险情。张永厚再次挺身而出，坚守"坝在

张永厚（左二）在施工现场指导施工

人在、人在坝在”的信念，带领“党员突击队”连续奋战 15 个昼夜，保护了当地 1089 名群众的生命、财产安全。村民们激动地拉着张永厚的手说：“我们的 3000 多亩农田有救了，谢谢你们！”

只要有一线希望，就要尽百分之百的努力。“困难是暂时的，当地群众的安危是最重要的，我们要承担起这份社会责任。”张永厚是这样说的，也是这样做的。

03／ 他深入基层一线，了解施工群众“急、难、愁、盼”的问题，深刻体会到“唯有学习才能更好地服务群众。”

从事路桥工作近 30 年来，张永厚意识到：“路桥人经常面对的是风沙烈日、高原缺氧，很少能和家人在一起。”有一次，一位职工从施工现场跑过来和张永厚说：“经理，今天是我爱人的生日。”说完，两人眼里都噙着泪花。张永厚立即拜托自己在西宁的同学买上蛋糕、送去祝福。之后，每逢职工的生日，他都会在工地和职工一起吃饭、聊家常。大家有困难也会和他聊一聊，他都会热情地帮忙解决。

面对路桥职工的实际情况，张永厚说：“只有更好地学习，用理论联系实际，才能合理解决职工工作与生活的矛盾，让大家获得幸福感。”

2020 年，张永厚正式成为中国劳动关系学院劳模学院的一名学生，和来自全国各地的劳模同学们一同学习。在学校里，他特别喜欢学习思政课程。“学习思政课程是以史为鉴、叩问初心的回首，更是向史而新、续写华章的展望。人的知识有多广，格局就有多大，成绩才会更优。”

作为公司党支部书记的张永厚，正用大学期间所学的知识，指导所在支部的所有党员，督促大家把学习成效转化为工作动力。

赵洪伟

“花匠”情怀

我是农民。我爱读书，爱思考，立志做最好的农民。

赵洪伟

1970 年生，山东潍坊人，中共党员，潍坊花香花卉苗木专业合作社负责人。曾获“山东省劳动模范”“潍城区农村青年致富带头人”等称号。中国劳动关系学院劳模学院 2020 级学生。

01 / 赵洪伟常说：“我们的工作是为了让顾客看到花卉盛放的时刻，这就是这份职业的使命和意义。”

在春日的蒙蒙细雨中，成片的菊花抽出新芽。独本菊、大丽菊、悬崖菊、艺菊、案头菊正在温室里安静地生长。

从事花卉行业 30 年，娇嫩的花朵是赵洪伟最熟悉的伙伴。他钻研菊花种植简直到了“走火入魔”的状态，经常是围绕一个种植技术刨根问底，不搞清楚绝不罢休。

在菊花等待绽放的温室里，赵洪伟尤其关注独本菊。他培育的独本菊体态匀称，花大如脸盆，在北京花卉博览会上夺得了冠军。

独本菊的特点是一枝一花，花朵硕大。赵洪伟看了无数的书，尝试了无数的方法，最终摸索出一套种植方法。

赵洪伟培育花卉

赵洪伟钻研花卉种植

“在 7 月份用扦插的生根苗来培养，当株高 40 厘米时，细心摘 1 次芯，并保留顶生芽。每个独本菊要分 3 次剥蕾，在生长期间要用竹签设支柱扶持生长，在叶节处环切，去掉表皮……这中间不能有一丝疏忽大意。”

晨辉燃起，晶莹的露珠点缀着饱满的花朵，他顿觉这个世界充满了生机。这一切也体现着这份职业的使命和意义。

02／“我不能一个人富，我要带领乡亲们一起致富。”

当看到乡亲们草本种植收益少，无法卖出高价时，赵洪伟心急如焚。为此，他翻阅书籍，研究花卉发展走向，也经常去实地考察花卉市场。

经过调研考证，赵洪伟了解到市场需求动向，先后引进培育、发展了特色木本花卉品种，并无偿向花卉种植户提供技术指导和培训。

他善于发现和研究问题。"家庭式生产经营模式信息不畅通，无法发挥规模化、基地化的生产经营优势。"他认为，这是必须要解决的问题。

于是，2011 年，赵洪伟率先成立了花卉苗木专业合作社，随后引进推广特色主打品种，共享销售信息，优化生产经营模式。

功夫不负有心人。合作社辐射带动作用有了效果。附近十几个村的近 3000 户群众开始从事花卉种植，形成了万亩花卉基地。规模化生产的效应显著，产品还远销北京、上海等 20 多个省市区。

03 "去校园充电，我努力实现着知识型农民的新跨越。"

带着对知识的渴求，赵洪伟走进了中国劳动关系学院劳模学院。

他清楚地知道，当今世界是互联网的时代，所以特别热衷于接受新知识。"我来大学里继续深造，就是为了能够接触到最新的资讯，不想被时代淘汰。"

听学术讲座，上实践课程，与劳模同学交流，赵洪伟每天的学习计划都是满满的。

"特别愿意听老师们分享他们最新的学术观点，感觉自己的思维边界在不断拓展，原来脑子里的一些固化的想法，也会快速被新理念所替代。"赵洪伟表示，在"万众创新、大众创业"及"共享经济"的时代背景下，他会把这些新理念与花卉产业结合起来，继续推动模式的创新。

"做有知识、有情怀的农民工匠！"这是赵洪伟的初心。

现在，赵洪伟有了更新的想法。他说："将来会把花卉博览园区打造成为生态旅游精品观光点，让旅客身临博览园闻花香、观园艺、赏书画、品美食，感受愉悦，点缀生活。"